イエス様の生涯と愛

文《ムン》鮮《ソン》明《ミョン》

光言社

はじめに

文鮮明《ムンソンミョン》先生は、世界の宗教界、学界、政界など各界の指導者から、八つの分野について最もよく知るチャンピオンであると言われています。八つの分野とは、以下のとおりです。

㈠　神様
㈡　サタン（悪魔）
㈢　人間
㈣　霊界
㈤　イエス様
㈥　聖書および各宗教の経書の核心内容
㈦　人類歴史
㈧　真《まこと》の家庭の価値

本書は、文先生が今日まで語ってこられた説教（『文鮮明先生御言選集』）の中から、イエス様の生涯に関連するみ言《ことば》を抜粋し、編集した『イエス様の生涯と愛』（二〇〇二年、韓国・成和出版社発行）を翻訳し、整理したものです。

二千年前に人類救済のためにイエス様が、どのような心情と事情の中で歩まれたのかを理解することができるとともに、自分自身があたかもその場にいたような錯覚すら覚えることでしょう。また、聖書に登場するマリヤ、ヨセフ、洗礼ヨハネをはじめとするイエス様の周りの一人一人には、どのような使命があり、どのような責任を果たさなければならなかったかについても明確に記されています。

一般的に、キリスト教の信仰を受け入れることの妨げになっている理由の一つに、マリヤが聖霊によってイエス様を身ごもったことや、イエス様が十字架にかかったとき奇跡が起きずに亡くなられたことが挙げられます。今日まで誰も明確に解くことのできなかったこれらのことについても、文先生は聖書の記述に沿って詳しく述べておられます。

文先生は、一九四一年から二年半、日本に留学されました。その後、再来日されたのは一九六五年一月のことです。約二十一年ぶりに日本の地を踏まれた文先生は、日本統一教会の青年たちに多くのみ言《ことば》を語られるとともに、教会員と交流の場をもたれました。そのとき、ある青年がイエス様の人物像について質問をしました。

そのとき文先生は、天井を見られてからすぐに下を向かれました。そのときボタボタと水滴が畳に落ちる音がしたのです。それは、イエス様の心情をよく御存じである文先生が、悲しい孤独な道を歩まれたイエス様を思って流された涙でした。

イエス様は、三十三歳で十字架にかかって亡くなられました。一般のキリスト教では、イエス様は十字架で死ぬために来られたというのが定説です。ところが本書で文先生は、イエス様は死ぬために来られたのではなく、結婚し、神様を中心とした家庭を築き、地上天国を創建しなければならなかったと説かれます。それだけでなく、イエス様は十七歳、二十七歳、三十歳のときに結婚したいと家族に告げたと、文先生は語られています。

文先生が解かれた内容は、今までのキリスト教の教理と異なる点があるため、文先生は世界的に迫害の道を余儀なくされました。しかし現在、世界の多くの有識者が文先生の人格と教えと活動に感動し、神様を中心とした世界的な運動と基盤が築かれつつあります。

本書を通じて、神様がイエス様と文先生に託された神様の理想（神様のもとの一つの家族）が、一日も早く、世界に実現されることを祈るものです。

二〇〇九年六月吉日

イエス様の生涯と愛・目　次

第三章　イエス様の三十年の準備時代

第五章　十字架の苦難

第六章　イエス様の復活と神様の願い

第一章　イエス様誕生前の摂理

一、メシヤ降臨のための血統復帰の摂理

神様は一つの特定の民族に約束をなさり、希望をもたせ、その民族を通して摂理を進めてこられました。その特定の民族が、イスラエル選民です。それでは、そのイスラエル民族の目的とは何でしょうか。世界の国を占領することではありません。イスラエル選民の願いは、世界を征服することではなく、メシヤを迎えることです。メシヤとは何でしょうか。救世主です。

救世主とは何でしょうか。真《まこと》の人間の原型です。工場に行ってみれば鋳型というものがあります。ある物がつくられているのを見ると型があって、そこに材料さえ入れれば、ガチャンガチャンと何千個でも何万個でも同じ物が出てくるでしょう？　救世主とは、そのような鋳型のような人間なのです。すべての人間のモデルなのです。

その方が来られることによって、その方と一つになれば救われるのです。質は異なっていてもいいのです。質は異なっても、形さえ一つになれば救われるのです。人がみな、イエス様と

同じになることはできません。形さえ同じならばいいのです。丸い形ならば丸い形として、全く同じでなければなりません。そこに角があってはなりません。角があれば、その角を切り捨てなくては、合格品になれないのです。

人間世界に歴史上初めて、神様が描いた最高の型として、「人はこのようでなければならない」という、その型を代表して来られる方がメシヤなのです。イスラエル選民は、そのメシヤが来ることを願ったのです。今日の世界もそうです。今日、世界中の宗教は、すべてメシヤ思想をもっています。（四七―一〇九、一九七一・八・二二）

メシヤは生命を中心とした心の愛と、生命を中心とした最高の人格の標準になる方です。この方を一つのモデルにして、今までサタン世界で受け継いだ信念や愛の感性をすべて埋葬し、無の状態にしなければならないのです。そして本来、堕落していないアダムの体と同じ、本性である心の愛を中心として一〇〇パーセント和合できる体を見つけなければなりません。次に、本然の心の愛を実体の体と結びつけて、堕落の因縁を抜け出した一人の男性にならなければならず、神様の体、すなわち内的な聖殿を築き、神様と一つになって登場できる一人の男性にならなければなりません。このような男性がメシヤです。

メシヤとは何でしょうか。人類で初めて、神様の愛を中心として生まれた愛の先祖です。したがって、イエス様や再び来られる主は、本然の心を中心とした愛の世界の父、宇宙の愛の父になるのです。私の心と体は互いに離れられません。体は心の愛を受けなければならないのです。

心と体が一つとなった立場に立っていない人間は、そのような立場に立っているという条件を立てて、神様に接ぎ木をしてもらわなければなりません。メシヤと堕落人間は種が異なるので、幹を切って接ぎ木されなければなりません。これが今までの復帰摂理の経路です。（二七一六三、一九六九・一一・二三）

人間は真《まこと》のオリーブの木になれず、野性のオリーブの木になったので、切ってしまわなければならないのです。そして、再び真のオリーブの木に接ぎ木しなければ、救うすべがないのです。ですから、人類歴史は宗教とともに出発したのであり、宗教は人類とともに流れているのです。なぜそうなのでしょうか。希望の道を発見しなければならないからです。神様は人間が堕落したその日から、創造主《しゅ》としての責任を担われ、堕落した人間を救う摂理を展開するために、歴史過程を経ながら今まで苦労してこられたということを私たちは知らなければなりません。

神様の約束を果たすために、神様のみ旨を中心としてこの地に来られた方が、イエス・キリストです。彼は過去の歴史時代において、人間が僕《しもべ》の立場にあるとき、神様と結んだ約束を果たして、養子と真《まこと》の息子の因縁をもてる立場を立てるために来られたのです。僕が忠臣の道理を果たすときには、養子の位置に立てるのです。それゆえ、復帰摂理歴史を経てきながら、イスラエル民族に僕として忠誠を果たし得る土台を築かせ、養子の因縁を結ぼうとしてこられたのです。

養子の因縁は、どのように結ぶのでしょうか。神様の息子がこの地上に来なければ不可能なことです。神様の息子がこの地上に来なければならず、その息子の命令を聞いて、それに従順に従ってこそ、養子の因縁を結べるのです。これが旧約時代と新約時代が連結する歴史だということを、私たちは知らなければなりません。

旧約を信じてきた人々は、僕として養子の恵沢にあずかることを望むのですが、それが正にメシヤが来ることを望む理由です。すなわち、メシヤによって僕の悲しい境遇を越えて、養子圏の立場に進むことが彼らの願いなのです。養子というのは、直系の息子、娘がいないとき、親から相続を受けられる因縁が成立する立場です。

そのようにして、僕の立場を超越し、神様のみ旨を迎えられる恵沢にあずかることを望みながら歩ませたのが、僕の旧約時代を指導してこられた神様のみ旨です。ゆえに彼らは、僕の境遇を免れ、神様の相続を受け得る圏内に入れる特権的なその時を願ってきたのです。それがイスラエルの選民思想なのです。

イスラエル民族を、世界を代表した民族、外的世界を相続できる民族として約束し、イスラエル民族とユダヤ教を指導してこられたのです。ここで、息子と養子が一つにならなければなりません。僕は、神様の息子が来るまでに養子の土台を築き、息子が受けるすべての困難を解決したあとに息子を迎え入れ、その直系の息子と一つになる位置に立たなければなりません。そうしなければ、天国に入れません。言い換えれば、神様の血統ではなく、サタンの血統を受け継いで生まれた息子が、神様の前に養子として公認されれば、直系の息子は、アベルの立場でカインの立場にある養子を復帰しなければならないのです。

このような歴史的な因縁があるので、世界的な因縁を代表した教団と国として、養子圏の立場に立たなければならないのが、イスラエルの国とユダヤ教だったのです。そして、直系的権威に立たなければならないのが、神様を中心としたイエス・キリストが提示したキリスト教と、これを中心とする世界国家でした。

このように、世界を代表したイスラエルの国とユダヤ教をイエス様の前に捧げるようになれば、一国と一教団を捧げることによって、すべての国とすべての宗教を統合し得る権勢をもって来られるイエス様と、連結されることが起こるようになるのです。

すなわち、イスラエルの国とユダヤ教をイエス様の前に奉献してこそ、イエス様がもってこられた天上・地上天国を、この地上で相続し得る圏内に入れるのです。イスラエルの国が僕《しもべ》として責任を果たし、イエス様を誠意を込めて迎えなければならなかったにもかかわらず、反対したためにその道が途切れてしまったのです。(四二―二八一、一九七一・三・二七)

サタンと血縁関係を結んで堕落した人類

創世記には、アダムとエバがサタンの誘惑に遭い、善悪の実を取って食べたとあります。取って食べるときは、目で見て、手で取り、口で食べたはずです。それならば、目を隠し、手を隠し、口をふさがなければならないのに、いきなり下半身を隠しました。こうしてエバが堕落したのです。

その次には、何も知らないアダムに向かって無理やりに、善悪の実を取って食べるように言いました。手で取って口で食べたはずなのに、取って食べたアダムも下半身を隠しました。人には、傷のある所を隠す本性があります。男性は顔に傷があれば、何とかして顔を隠そうとします。ましてや女性は、小さな傷があってもそれを隠そうとするのです。結局人は、傷のある所を隠したがるのです。アダムとエバが下半身を隠したということは、その下半身が傷になったからです。それは否定できません。

ヨブ記第三十一章33節に、「わたしがもし（アダムのごとく）人々の前にわたしのとがをおおい、わたしの悪事を胸の中に隠したことがあるなら」という聖句があります。結局は、恥ずかしい所を隠したのです。

それでは、人類始祖が不法なる不倫の貞操関係によって犯した事件があったという観点から、聖書を再び調べてみましょう。ヨハネによる福音書第八章44節を見ると、イエス様が不信仰な人たちに対して、「あなたがたは自分の父、すなわち、悪魔から出てきた者であって、その父の欲望どおりを行おうと思っている」と端的に結論づけて語っています。それから不信仰なパリサイ人に対して、「まむしの子らよ」（マタイ一二・34）と指摘して宣布したのです。

これらのことを見ると、堕落した私たち人類は、血統的な関係で犯行を行ったと結論づけることができます。堕落しなかったなら、私たち人間は完成して聖殿となり、神様の体となり、神様の神性を受け得る神聖な体になっていたことでしょう。そのようなことが、神様の愛の中で成就されなければならなかったにもかかわらず、その体をサタンが侵犯することによって、サタンの僕となり、悪性を受けた人間になってしまったのです。

堕落しなかったなら、アダムとエバは神様の体になり、神様の愛の中で一つとなり、家庭を築いたことでしょう。そこに息子と娘が生まれれば、その息子と娘は、神様の息子、娘であると同時に、アダムとエバの息子、娘になるのです。神様が直接主管する家庭になり、氏族になり、民族になり、世界になり……。そのようになれば、地上に自動的に天国が形成されるはずでした。ところが、悪魔サタンが侵入し、血統的に蹂躙《じゅうりん》することによって、アダム、エバと一つになり、子孫を繁殖したのが堕落です。その子孫が世界的に繁殖したのが、今までの人類なのです。

堕落しなかったなら私たち人類は、神様と共に真《まこと》なる父母（アダム家庭）を中心として形成されたはずですが、堕落することによって、偽りの父母と偽りの息子、娘ができてしまいました。真なる世界の代わりに、悪なる世界になったということは、人類にとって恨めしいことであり、神様にとっても恨めしいことになったのです。

このように（サタンが）血筋を通して侵入してきたので、自動的にアダムの家庭を中心として繁殖していきました。悪魔サタンが、人類の中心になったのですから、サタンはこの世の王にならざるを得ないのです。それと同時に、私たちは切っても切れない悪魔サタンの血筋を受けて生まれたのです。血統的に原罪をもって生まれたのです。

神様の血統を受け、永遠に神様の愛を受けるべきこの体が、神様の怨讐《おんしゅう》であり、本然の人間に対しても怨讐である悪魔サタンの血を受けて、地獄に引きずられていかざるを得ない恨めしい立場にあるという事実を、今まで知りませんでした。神様を中心として平和な天国で理想的に楽しく暮らせる家庭をサタンが奪い、不幸と地獄の世界をつくったのです。それによって、神様は追い出されたのです。

愛は絶対的なので、愛の関係を結ぶようになれば、全宇宙がその前に主管を受けるようになっています。創造原則がそのようになっているので、サタンが先に占領したものを神様がその原則を無視して、ただで奪ってくることはできないのです。もし神様の愛と一つになっているならば、誰が切るでしょうか。切る者はいないのです。

では悪魔サタンとは、何者でしょうか。神様を中心として見るとき、神様の愛の怨讐です。すなわち姦夫《かんぷ》なのです。これを許してしまったら、天地がひっくり返ってしまうので、本然の愛を取り戻すためには、許すことができないのです。これを審判せずしては、取り戻せないのです。それゆえ、不倫なる愛の関係を、神様は一番怨讐視するのです。これが拡張したので、神様は安着できないのです。

愛というのは、独りでいるときに生じても、愛は相手から来るという事実を知らなければなりません。愛の根拠地がどこかというと、私ではなく相手なのです。その高貴なる愛を受けようとするなら、頭を下げなければなりません。今日、この世の愛はすべて誤った愛です。このような血統的な問題があるために、神様も六千年間、苦労してこられたことを知らなければなりません。

ローマ人への手紙第八章23節を見ると、「御霊《みたま》の最初の実を持っているわたしたち自身も、心の内でうめきながら、子たる身分を授けられる（養子となる）こと、すなわち、からだのあがなわれることを待ち望んでいる」とあります。養子になるというのです。神様の前には直系の息子になれないのです。養子というのは血筋が違います。

聖書を見ると、長子は祝福を受けられませんでした。神様は、悪魔サタンの子が初めて生まれたのを見たとき、どれほどあきれたでしょうか。打ち殺したかったことでしょう。アダムとエバも一度にみな、打ち殺したかったことでしょう。しかし、人間を創造されるとき、永遠であられる神様の前に絶対的な相対として創造されたので、破壊してしまえば神様の創造原則から外れることになるのです。創造原則から外れてしまうので、殴ろうとしても殴ることができず、打とうとしても打つことができず、破壊しようにも破壊できない立場に置かれているのです。

それでは、誰ゆえに失敗したのでしょうか。悪魔サタンゆえです。ですから、奪い返してこなければならないのです。奪う際には、悪魔サタンがすべて所有したので、サタンが前から引っ張っていけば、神様は後ろからついていくしかありません。それゆえ神様は、取り戻してくる計画を誰からすべきかというと、サタンが一番目の息子を引っ張っていったので、二番目の息子からしなくてはならないのです。

天使がアダムを主管しました。僕《しもべ》が息子、娘を支配したので、反対に天の側の人が僕を逆に支配しなければならないのです。コリント人への第一の手紙第六章3節を見ると、「あなたがたは知らないのか、わたしたちは御使《みつかい》をさえさばく者である」という聖句があります。天使までも審判しなければならないというのです。それほどまでに途方もなく、それほどまでに高貴な人間なのに、今日の人間は、美人とか美しいものがあれば、「天使のように美しい」と言います。天使は比べるものではないのです。それゆえ、サタンよりもましでなければなりません。

神様が本来、主管すべき人は、サタンよりもあとに生まれたという人ではありません。サタンよりも先に生まれたという人を主管しなければなりません。生まれたのは、サタン側が先に生まれたのですが、天の側が先に生んで愛さなければならないのです。ところが、左にいるべき悪魔サタンが右に行き、右にいるべき神様が左に来たのです。これを逆にして正さなければならないのです。正すには、あとに生んではならないので、先に生まれたという立場を探し求めなければならないのです。

その次には、悪魔サタンよりも愛さなければならないのです。悪魔サタン側の息子よりも、天の側の息子のほうを愛さなければならないのです。愛そうとするならば、サタンと血統的な関係をもってはいけません。それで母親の胎内に取り込んで、再び息子が生まれて出てくるようになるとき、サタンは讒訴《ざんそ》条件をもてないのです。そのようにして神様は、愛し得る息子を探し求めるための運動をしたのです。（五三―一四〇、一九七二・二・一三）

抜き取ってしまうべき偽りの血統

サタンとは何でしょうか。神様の姦夫《かんぷ》です。神様にとって愛の怨讐《おんしゅう》である姦夫のことです。神様は、これを許せば天理の原則から外れるので、許すことができないのです。それゆえ、今日、サタン世界の人間は、百回、千回許すことができても、サタンだけは絶対に許せないのです。それで大審判があるのです。大審判とは、誰を審判するのかというと、人を審判するのではなく、人間に対して主人のように君臨しているサタンです。

祈祷をするとき、神様のことを何と呼びますか。神様を主人と呼びますか、父と呼びますか。父と呼ぶでしょう? 本来、生まれるときはみな、神様の直系の息子、娘の血筋を受け継いで、神様の愛の中で永生できるように生まれるべきなのに、エバが怨讐サタンに強奪されることによって、偽りの血統を受けてこの世に生まれたのです。

サタンが本来の父を殺してしまい、母を奪って生んだ子供たちが、今日、堕落した世界の人間なのです。これはいくら腹を立てたとしても、仕方のない厳然たる事実です。ですから、皆さんの血と肉には、すべて神様の怨讐であるサタンの血が流れています。神様の怨讐の血が流れているのです。これを抜き取ってなくさなければならないので、今日、宗教では体を打つようにするのです。体を打つ運動として、「体を打ちなさい！　犠牲になりなさい！　断食をしなさい！」というのです。今日、この地上に生きる世界の人類はみな、サタンの子供たちなのです。

　では、アダムとエバが仮に堕落しなかったら、どうなるのでしょうか。神様の基準に上がって、神様を中心として三位一体になったことでしょう。そうして、ここから生まれた子女たちはみな、天国に行ける息子と娘になるのです。そうなっていたら、祈祷や宗教は何のために必要でしょうか。信仰という名詞は、人間には必要でなかったでしょう。父を信じるのですか。父は救い主だとか、救ってほしいとか、何を祈るというのですか。ただ父の懐にぱっと飛び込み、父に乗っかって座り、ひげを抜いても平気なのに、信じるとは何を信じるのでしょうか。（二三一二八二、一九六九・五・四）

野性のオリーブの木と真《まこと》のオリーブの木

　聖書を見ると、カインとアベルが互いに争いますが、それもアダムが堕落したからです。アダムが堕落することによって、人間は神様もサタンも対し得る中間位置に置かれるようになりました。それゆえ神様は、アダムとエバを中心としては、救いの役事、すなわち復帰ができないのです。なぜでしょうか。彼らは堕落した張本人だからです。

善悪の実とは何でしょうか。善悪の実は、ただの善悪の実でしょうか。聖書は、はっきりとせず曖昧《あいまい》です。善悪の実を取って食べてから、なぜいちじくの葉で下半身を隠したのでしょうか。なぜ、こともあろうに下半身を隠したのかというのです。恥ずかしいから隠したのです。それならば、なぜ恥ずかしいのでしょうか。

今日、私たちが堕落した社会の慣習的な観念をもって、「恥ずかしいと思うから恥ずかしいのだろう」と言うとすれば、それは話になりません。恥ずかしいのならば、なぜ下半身だけ恥ずかしいのかというのです。恥ずかしいならば、目は恥ずかしくなく、鼻は恥ずかしくなく、耳は恥ずかしくなく、頭は恥ずかしくなく、手足は恥ずかしくないのでしょうか。

また聖書を見ると、生まれ変わらなければならない（ヨハネ三・3）という聖句があります。生まれ変わらなければならないという言葉は、誤って生まれたことを意味します。人がこの世に生まれるときは、何を通して生まれるのでしょうか。善悪の実を通して生まれるのでしょうか。違います。愛を通して生まれるのです。人は親の愛を通して生まれるのです。

しかし人類始祖は、愛を通して生まれたことは生まれたのですが、神様が愛し得る、万宇宙に誇り、宣布できる喜びの愛を通して生まれなかったのです。神様が非常に悲しまれ、サタンが非常に喜ぶ愛を通して生まれたのです。

人間は、父と母の愛を通して生まれます。ところがその愛が誤ったので、生まれるのも誤って生まれるのです。それはどうしようもありません。このように誤った愛を通して生まれることによって野性のオリーブの木になったので、その枝を完全に切ってしまい、真《まこと》のオリーブの木の真の愛の枝を接ぎ木しなければなりません。数千年育った野性のオリーブの木の枝を完全に切ってしまい、精誠を込めて真のオリーブの木を接ぎ木しなければならないのです。（二二―二四二、一九六九・五・四）

ヤコブとエサウを中心とした血統復帰摂理

神様は、これをひっくり返す摂理をしてこられました。ひっくり返そうとするならば、どこまでひっくり返さなければならないのでしょうか。兄弟同士ひっくり返したとしても、成長したあとにひっくり返したとするならば、それ以前が問題になります。四十歳にひっくり返したとすれば、四十歳以前まではひっくり返していない結果になるのです。それで四十歳以上の人は救いを受けるかもしれませんが、四十歳以前の人は救いを受けられないのです。サタンがかみついてくるのです。これがなかなか治らない病になっています。

それゆえ、神様は仕方なく再び摂理をされるのです。アベルが死んだあとにセツを立てて、セツの一族を中心として、どこを尋ね求めていくのかというと、女性の腹中を尋ね求めていくのです。堕落は腹中から起こったからです。愛の種は腹中を通して生まれました。それゆえ、腹中を尋ね求めて入り、ひっくり返すのです。これがどれほど途方もないことでしょうか。

腹中に入っていってひっくり返さずしては、サタンが生まれてくる生命自体を神側に送ろうとしないのです。ですから、人々を逆さまにひっくり返すためには、やむを得ず父母の腹中にまで尋ね求めて入り、闘って勝敗を決めるという、そのような闘いをしなければならないのです。それゆえキリスト教は、歴史上にかつてない、神様のみ旨に対する宗教であるということが、ここに明らかにされるのです。

これをカインとアベルの兄弟からひっくり返そうとしたのですが、それができませんでした。それで兄弟の位置を狭めていくのです。兄と弟をひっくり返せる交叉《こうさ》点まで尋ね求めていくのです。そのようにして、カインとアベルの代をセツが継いでそのみ旨に従わせ、ヤコブとエサウの時代が来るようになったのです。ところが、一段階近い位置に行こうとするので、双子を立てて摂理せざるを得なくなったのです。どれほど近づきましたか。兄弟は兄弟なのですが、双子の兄弟なのです。

ここでまた闘わなければならないので、ヤコブとエサウが闘うことになったのです。イサクは誰を祝福しようとしましたか。兄エサウを祝福しようとしたでしょう？　しかし、このエサウを祝福するようになれば大変なことになるのです。それで母のリベカが後ろ盾して、ヤコブを助けてあげるようになったのです。ここから母子協助が出てくるのです。

女性が先に堕落したので、神様の息子、娘を解放させるために、生まれるに当たっては女性が協助しなければなりません。女性が、サタンに引っ張られていくのではなく、神様の前に行くための助けをするのです。

ここでのイサクは、天使長の立場です。リベカは、自分の夫であるイサクをだます工作をして、ヤコブにすべての祝福を受けさせます。ところが、聖書を文字どおりに受け入れるとすれば、兄をだました詐欺師のヤコブが、いかにして神様の祝福を受けられたのかという疑問をもつことでしょう。しかし、奪われたものを取り返さなければならないので、そのようにしなければならないのです。天使長に奪われたものを取り戻すのです。

エサウとヤコブの路程において、母と息子が合同工作をして、誰をだましましたか。父をだましたでしょう？　イサクをだましました。この三人はアダムとエバ、天使長と同じ立場です。イサクは天使長と同じ立場であり、息子のヤコブは将来来るべきアダムと同じ立場です。したがって、希望の息子として生まれ得る立場です。そして母のリベカは、エバと同じ立場です。堕落したエバは、神様の息子を身ごもれなかったという恨《ハン》があるので、希望の息子を出産することが願いなのです。

それで母のリベカは、天側の息子であるヤコブと一つになり、自分の夫であるイサクを天使長の立場に立てたのです。そうして、天使長の長男であるカイン格のエサウが受けるべき祝福を奪って、天側に取り戻したのです。このとき兄のエサウは、ヤコブを殺そうとしました。それゆえヤコブは、ハランに逃げて、そこで二十一年間過ごすようになったのです。

そのようにしてヤコブは、兄エサウと交渉がうまくいき、命が助かったのです。自らの僕《しもべ》たちと、二十一年間にためた財物をお兄さんに与えてエサウの心を動かし、結局エサウは、ヤコブを殺さずに迎え入れるようになったのです。そうなることによって、死ぬべきカインのような立場ですが、死なない立場に立ったので、結局ヤコブは、エサウが屈服したという条件を立てたのです。そうして初めて「イスラエル」、すなわち「勝利した」という民族圏をもつことになったのです。

ヤコブは、ヤボク川で天使と組み打ちして勝利しました。それはアダムが霊的天使に敷かれて失敗したことをひっくり返し、人が天使を下に敷いたという条件を立てたのです。このように天使長の実体と同じ立場にあるエサウが、ヤコブに屈服する内的基準をヤコブが既に立てたので、外的なエサウも屈服するという結果をもたらしたのです。聖書を見ても、すべて否定できない事実です。

今から数千年前にあったことです。旧約聖書は、およそ八百五十年の間、数多くの人々の手によって記録されたものですが、このような体系を中心に記録されたということは、一つの思想的な主人がいて、預言者を通して記録したに違いないのです。ですから、「神はいない」とは言ってはいけません。

双子のエサウとヤコブが闘って、どちらが勝ったでしょうか。ヤコブが勝ったでしょう？それゆえに（カインとアベルが）ひっくり返ったでしょうか、ひっくり返らなかったでしょうか。ひっくり返ったのです。何歳ぐらいにひっくり返りましたか。四十歳を過ぎてからです。四十歳を過ぎてから双子で生まれた兄弟がひっくり返ったのですが、生まれる前、腹中においては、まだひっくり返っていません。それでサタンがかみついてくるのです。（三九―九二、一九七一・一・一〇）

タマルを通した腹中復帰摂理

アブラハム、イサク、ヤコブ、三代目のヤコブにユダという息子がいます。ユダ支派を形成したユダは、ヤコブの四番目の息子です。四番目というのは、東西南北、春夏秋冬というように四番目から四方の基準が現れて、春の季節を迎えるようになるのです。それで四番目の息子が祝福を受けるのです。

ユダに嫁がいました。誰だか知っていますか。タマルです。タマルがユダの長男に嫁いできたのですが、その長男が子孫もいないまま死んでしまいました。ユダヤの国では、その昔、祝福を受けた血統は途絶えてはいけませんでした。また、女性が子孫を残せずに死ぬというのは、女性としての道理ではなかったのです。そうなれば、祝福を台無しにする女性になるのです。

それでユダヤの国の法には、兄が子供を生めずに死んだ場合、その兄嫁を弟が引き継いで迎えるようになっていました。それは悪いことではないのです。祝福を受けた女性を捨ててはならないことになっていました。外国に送り出してもいけませんでした。サタン側に送り出すことはできないということです。

それゆえ、弟が兄嫁を迎えて暮らしたのです。しかし、その弟も死にました。ですからタマルは、自分の一代において祝福された血族を残せないことに対して、命を失うこと以上に苦悩するようになりました。自分は死んでも、どうにかして祝福された血族を残さねばならぬという使命感、神様の祝福を残す道を追求する思いが、タマルは誰よりも強かったのです。

それを成し遂げる道があるならば、体面も顧みず、生死も意に介さず、命を懸けて行くという立場でした。そのような立場に立ったので、「大変なことになった」と思い、自分の舅《しゅうと》と関係を結ぶ計画を立てたのです。それでタマルは、舅が羊の毛を切るために行き来する所を知っていたので、道端で遊女のように仮装をして舅を誘惑したのです。そうして舅と一つになって子を身ごもるようになりました。

この世に、そのようなことがあるでしょうか。これが聖書にある内容です。ところで、なぜそのようにしたのでしょうか。そのようにせざるを得なかったからです。堕落した結果がそうだったので、そのようにしなければ天道が解けないのです。

ユダは、タマルとそのような関係を結んだのち、自分の印を与えて別れました。舅のユダは道端でそのような関係をもったのですが、その相手が嫁であるとは知りませんでした。そうこうしているうちに、タマルについてうわさが広まりました。

寡婦が子を身ごもったので、「殺せ」と大騒ぎになりました。タマルは死ななければならない立場でした。そのとき、ユダは族長でした。そのうわさはユダの耳に入りました。それでユダの命令によって殺そうとすると、タマルは事情を話しました。自分は不法な行為をしたのではない、この子の父はユダであると言ったのです。

タマルは子供を生むことになります。その子供は双子でした。ところが、その双子が腹中で争ったのです。リベカは、自分の腹中でエサウとヤコブが争うので神様に祈祷すると、神様は「二つの国民があなたの胎内にあり、二つの民があなたの腹から別れて出る。一つの民は他の民よりも強く、兄は弟に仕えるであろう」（創世記二五・23）とおっしゃいました。これと同じように、タマルの腹中でも争いが起きたのです。子供を生んでから交替するのではなく、腹中で交替しなければならないのです。

聖書の創世記第三十八章にこのような内容があります。ユダの息子が生まれたのですが、最初がペレヅで、そのあとにゼラが生まれました。彼らが生まれるとき、兄が先に出るために手を出しました。それでその手に赤い糸を結びました。ところが、弟のペレヅが兄を押し退けて先に出てきたのです。これが腹中の闘いです。

胎中で兄を押し退けて、弟のペレヅが兄として生まれることによって、兄と弟をひっくり返そうとする神様の摂理に勝利の結果をもたらすことになりました。これはとりもなおさず、人を逆に胎中に取り込んで、胎中で闘って兄弟をひっくり返した結果をつくったのです。このような歴史は、聖書以外にはありません。それゆえ、これは神様の摂理と言わざるを得ないのです。

胎中で勝ちましたか、負けましたか。勝ったので、その胎中を通して勝利したその基盤を通し、貞操をもって命を捧げることを覚悟しながら、その思想を受け継いだ女性を通して、神様のみ旨を立てることができたのです。(三九―九五、一九七一・一・一〇)

神様は、血統的に汚された血筋を交替するために、このように二千年の間、歴史的な摂理をしてこられました。そうしてヤコブを経て、ユダの家庭を通して、初めてこのことが決定されたのです。結局、血筋を中心として闘い、天の側が勝利した基盤を築いたのです。それゆえ、イエス様はユダ支派を通して現れなければならないのです。

イスラエル民族が、サタンの国以上の国を成し遂げるまで二千年という期間を待って、そのように清まった血統、勝利した伝統的な血筋の因縁をマリヤが引き継ぐ位置に立ったので、マリヤの腹中を通してサタンが讒訴《ざんそ》できない、初めて神様だけが愛し得る息子として生まれた方が、イエス様なのです。

有史以来、このように血筋を清めて生まれた人は、イエス様しかいません。それゆえ、「わたしは道であり、真理であり、命である。だれでもわたしによらないでは、父のみもとに行くことはできない」（ヨハネ一四・6）という決定的なみ言《ことば》を語ることができるのです。イエス様は有史以来、神様の愛を受け得る一番目の息子として生まれたので、ひとり子であると主張できるのです。（五四—一三二、一九七二・三・二二）

第二章　イエス様の誕生とその目的

一、イエス様の降臨の目的

神様の理想とイエス様の降臨

人間を救うためにこの地に来られる方とは、どのような方でしょうか。その方は人間を代表する立場にあるだけではなく、神様と永遠に切れない因縁を結んで現れる主人公であられます。このような因縁と使命を帯びて、この地に降臨された方が正にイエス・キリストであられます。ですから、イエス様は福音を伝播《でんぱ》しながら、「私は神様の息子だ」とおっしゃったのです。また、「神様と一体になっている」とおっしゃいました。

これは、驚くべきみ言《ことば》です。普通の人には類を見ないみ言です。ですから、神様と愛を中心とした血統的に因縁をもって現れたキリストであられたので、歴史にない中心として、新しい変遷の役事を起こすまいとしても起こさざるを得なかったのです。そのような面で、イエス様の血と肉は、父の血と肉であり、すべてが父のものだったと言えるのです。このように神様とイエス様とは、切っても切れない因縁が結ばれていたのです。

ではなぜイエス様は、そのような方でなければならなかったのでしょうか。堕落した人間は罪悪の血統を受けて生まれたので、父の血肉に代わって接ぎ木をしてあげられる一人を、神様はこの地に送るしかなかったのです。このような摂理的な必然性によってイエス様は、この地に来なければならなかったのです。

イエス様がこの悪なる世に来られて叫ばれたみ言《ことば》は、地の言葉ではありませんでした。イエス様のみ言は、今までなかった真《まこと》なる真理のみ言であり、地上にあったものとはあまりにも異なる新しい理念であり、革新的な事実を提示するものでした。(三―三二、一九五七・九・一五)

神様は、自らの内的な理想を実体的に感じ得る一つの中心存在として、人間を創造されました。それで神様によって秘められた天の美と天の愛と天の栄光を、人間であるアダムとエバの生活を通し、生涯を通し、永生の路程を通して成し遂げ、いつの時も絶えることのない喜びの世界をつくろうとなさいました。

人間が堕落することによって、神様が意図されたそのような本然のみ旨は、根本的に途絶え、人間は願ってもいなかったサタンを神様の代わりに立てて、そのサタンの主管圏内にとどまるようになりました。神様に栄光と喜びを返し、神様に侍る生活をすべき人間が、神様の代わりにサタンを中心として、サタンに侍って従う侮辱の歴史を繰り返してきたのです。

神様には、人を中心として取り戻すべき栄光が残っており、人を中心として愛すべきみ旨が残っており、人を中心として勧告すべきことが残っているので、今まで摂理してこられたのです。サタンは反対に、神様の栄光、神様の愛、天の生命を破壊するための戦い、今日、人間を自らの手中に縛りつけて、これを神側に渡すまいとする戦いを続けてきているのです。

それゆえ、今や神様は、人を立ててサタンを恨み得る一つの条件を立てなければならず、人を立てて神様にお返しすべき栄光を中心として、神様の代わりに人間から愛を受けているサタンに対して、抗議し得る条件を立てなければならないのです。

また神様の代わりに、サタンが全体の生命の権限をもっているので、神様はこれも抗議できる人を立てなくてはならないのです。このような責任が神様に残っているのです。神様が探し求めていらっしゃる創造本然の人間、サタンに対して攻撃できる一人の主人公が現れなくては、再び神様に栄光を返す道がなく、愛を返す道がなく、生命を返す道がないのです。

この一人の中心存在をお立てになるために、神様は四千年間、苦労しながら摂理をしてこられました。そうしてついに神様は、万民の前に探し求めてきた一人の信仰の中心、人間の代表的な中心を、神様の栄光を証《あかし》し、神様の愛を証し、神様の生命を証するためにお立てになった

のです。その方が誰かというと、イエス・キリストだったのです。(二―一六五、一九六五・七・一二)

原罪と関係のないイエス様

腹中から勝利した土台の上に、善の血統を中心として、先祖たちのそのような伝統を受け継ぎ、忠誠を尽くしたイスラエル民族の女性たちの精誠のこもった代を継いで、二千年後、マリヤに至りました。マリヤは、タマルを中心として腹中復帰に勝利した血統的な伝統を受け継いで、初めてイエス様を身ごもったのです。普通の人なら、腹中に子をはらめば既にサタンが讒《ざん》訴《そ》します。そして、「この場は私の場であり、ここにはらんだ人はみな、誤った愛によってはらんだのだから、すべて私のものだ」と主張するのです。

けれどもイエス様は、蕩減《とうげん》復帰の原則によって、タマルの腹中で天側であるペレツが勝利した血統的な基盤の上で、マリヤの腹中を通して生まれました。したがってイエス様は、腹中に宿った時からサタンが讒訴する条件がなかったのです。イエス様と一般宗教の指導者たちとの違う点がそこにあります。生まれた根本が違うのです。腹中からサタンと戦って勝利した基盤の上で、サタンを屈服させ、長子の基準を立ててイエス様が生まれたので、神様の息子として生まれても、サタンが讒訴できる条件がなかったのです。そのようにして初めて二千年後に、イエス様がこの世にお生まれになったのです。

それならば、なぜ二千年後にイエス様がお生まれになったのでしょうか。復帰はカイン、アベルの復帰、すなわち兄弟復帰なのですが、サタン世界の国家は、先に生まれたカイン型の国です。このカイン型の国々を復帰するためには、アベルの国が新たに生まれなければならないのです。このアベルの国が正にイスラエルの国です。それで神様は、イスラエル民族を二千年間育てて、一つのアベル的な国を築き、サタン世界の数多くのカイン的国家を屈服させようとなさったのです。

イエス様自身について見ると、イエス様はマリヤの腹中に宿って生まれましたが、歴史的な勝利の土台の上に、サタンが讒訴できる内容をすべて取り除いた立場ではらまれ、誕生したので、サタンが讒訴できる何の条件もないのです。サタンが讒訴できる条件がないということは、原罪がないということです。

罪とは何でしょうか。神様のみ言《ことば》に違反したことが罪だというのですが、サタンが讒訴できる条件を提示することが罪です。怨讐《おんしゅう》が食い下がる条件を提示することが罪なのです。ですから、原理原則、法度から外れれば神様もどうしようもないのです。サタンに引っ掛かってしまうのです。イエス様は、生まれるときにサタンが讒訴し得る立場を抜け出した立場で生まれた

ので、原罪がない方なのです。（二二一―二五六、一九六九・五・四）

真《まこと》の生命の種をもった方

天の真なる男性が生まれました。この地上に神様が苦労されて、再び完成したアダムが生まれたのです。完成したアダムは、昔、エデンで堕落したその時代のアダムではありません。サタン世界に個人的に勝利し、家庭的に勝利し、氏族、民族、国家、世界的にすべて勝利して、人類歴史のすべての蕩減《とうげん》条件を清算して、サタンが再び讒訴《ざんそ》できないように整備した、解放の立場で生まれたアダムを意味するのです。

天の真なる男性が生まれました。サタン世界は知っているのです。この男性が生まれ、真の新郎となり、真の父となることをサタン世界は知っているのです。この男性が真の新郎です。今日、サタン世界において復帰摂理を進める際に、宗教を通すその目的とは何でしょうか。母一人を立てるためです。サタンに汚された母を、解放された母として立てるためです。

そのように立てられたエバは、何を願うのかというと、新郎です。新郎ならば、どのような新郎でしょうか。真の愛をもって来る新郎、真の愛を中心として真の生命の種をもってくる新郎です。今まで真の愛と真の生命の種をもった人は、一人もいませんでした。サタンが汚すことによって、すべてサタン的血縁関係によってサタンの生命の種を受け継いだので、創造理想を完成した立場で神様が願われた理想的真の愛を中心として、生命の種をもった男性がいなかったのです。これをつくり上げなければならないのです。

神様と一体になって、世界の歴史上初めて勝利者になり、サタン世界の個人、家庭、国家、世界、天宙を取り戻してくるようになりました。ですから復帰が可能だというのです。今まで世界にある個人の立場は、歴史時代を経て世界に展開した全体を合わせた個人です。ですから世界的個人は、世界史的でしょう？　世界史的個人、世界史的家庭、世界史的氏族、世界史的民族という意味です。そのような段階を乗り越えなければなりません。その八段階を上がらなければなりません。個人とは、世界を代表した個人です。その「世界的」の「的」というのは接尾辞でしょう？　世界の個人をいうのです。分かりますか。初めて勝利者になったのです。（二三一―二三二、一九九二・七・九）

腹中から侍られるべきだったイエス様

イエス様の誕生日は、神様にとっては喜びの日になりませんでした。その意味も知らずにクリスマスを迎えるということは、おそれ多いことです。イエス様がもしローマの王子に生まれていたら、どれほどの栄光の中で誕生されたでしょうか。まして神様のひとり子として来られたとすれば、なおさらではないでしょうか。それにもかかわらず、イスラエル民族の中には、イエス様を迎える人は一人もいませんでした。東方の博士を送って、イエス様を証させるとは、神様はどれほど気の毒に思われたことでしょうか。

異邦人が訪ねてきて、イエス様に贈り物を捧げたということは、イスラエル民族の恥であり、彼らに対する冒瀆《ぼうとく》なのです。なぜイスラエルには、東方の博士ほどの人物がいなかったのかということです。イエス様は四千年の全歴史を総蕩減《とうげん》するために来られました。そのようなイエス様が飼い葉桶《おけ》に寝かされていたとは、話にならないことです。

当時、イスラエルには、メシヤに腹中から侍る人が一人もいませんでした。もしそのような人が一人でもいたならば、その人がいくら病気の身であったとしても、神様は愛さざるを得なかったでしょう。そしてキリスト教も、異邦人の宗教にはならなかったはずであり、神様の摂理もローマに移ることはなかったのは、当然のことなのです。

腹中にいるメシヤが分かったので、アンナはマリヤの僕《しもべ》になり、腹中にいるメシヤをあがめなければなりませんでした。しかし、彼女は証しましたが、侍ることができませんでした。東方の博士や羊飼いたちも証しただけで、みな去っていってしまいました。（一七―二一一、一九六六・一二・二五）

メシヤの意味

なぜメシヤは来なければならないのかという問題を、私たちははっきりと知らなければなりません。サタン世界の主権を奪って、人類を贖罪《しょくざい》して天の国へと帰らせるため、本然のみ旨の世界へと連れて入るために来られる世界の救世主が、メシヤであるという事実を知らなければなりません。

救いとは何でしょうか。本然の位置から落ちたので、それを再び尋ね求め、復帰していくという意味です。したがって復帰の道が、救いの道であることを知らなければなりません。今日におけるキリスト教などの宗教圏をなぜつくったのでしょうか。それは、悪なるサタンから分立して、本然のみ旨の世界に入るようにするための準備の土台なのです。

神様はこの悪魔サタンの主権を奪うためには、どのようにしなければならないのでしょうか。個人をもってしてはできません。それゆえ、天の側に立つ強力な一つの国を形成しなくてはならないという結論が出るのです。それで今まで神様が、主流的な立場で選んで準備した国がイスラエルの国であり、その宗教がユダヤ教です。それゆえ今私たちは、救いの摂理の過程にあることを知らなければなりません。

この救いの摂理のみ旨は、本来、神様が計画されたそのようなみ旨ではありません。救いの摂理を終わらせて、堕落しなかった本来の世界に帰れるようにする責任者として来られる方が救世主です。メシヤがこの地に来て、本然の世界に帰っていくその時には、宗教も終わり、救世主の使命も終わり、地獄も終わり、悪魔サタンとこの世界のサタンの国のすべてが終わるのです。そうして神様を中心とした天の国、神様が統治する本然のみ旨の世界へと帰っていくのです。

今日、私たちのこの世界は堕落した世界に違いないので、私たちは救い主を願わざるを得ない立場にあることは確実です。メシヤが来るそのみ旨とは、神様の本然の世界へと返すことであると知りました。

さらに本然の世界に帰ろうとするならば、個人よりも国家形態を備え、世界形態に拡大させて、天の側の強固な土台を広め、サタン世界を屈服させてサタンの主権を奪わなければならないことを知りました、そのようにして天の側に返すことが、メシヤの使命であることを、はっきりと知りました。（七四―一四二、一九七四・一一・二八）

堕落で失ったアダムとエバを探し立てる

本来、創造理想が成就されていたならば、再臨とか救いの摂理とかいうものは必要なかったことは、よく知っていると思います。そのときすべてが成就し、一つの世界になって、地上天国と天上天国が連結しなければなりませんでした。そのように出発したとすれば、その家庭が地上天国家庭であり、天上にも家庭ができて、氏族、民族、国家、世界へと歴史が発展していったことでしょう。霊界も同じです。

それゆえアダムの家庭は、一つの家庭でしたが、未来に世界を築き得る中心となり、国家の中心、氏族の中心、家庭の中心なのです。アダムの家庭は、全体の理想を実現し得る一つのモデル家庭です。それはアダムの家庭が完成していたならば、氏族も完成され、国も完成され、世界も完成され、天宙も完成されるという意味です。そのようなアダムの家庭は、すべての理想の代表的家庭であり、中心家庭なのです。

そのように見ると、アダムとエバは何でしょうか。彼らは天地を代表した王と女王です。人はみな、王や女王になりたいという欲望をもっています。そのキングシップ（王権、王位）とクイーンシップ（女王の位）が、永遠に家庭天国から氏族、民族、国家、世界天国まで連結されるのです。

誰が代を引き継いで、そのキングシップを縦的、横的に拡大させるのでしょうか。長孫（長男の長男）がするのです。世界にずっとこのように連結するのです。家庭単位の標的を中心として完成した家庭がたくさん連結すれば、氏族になり、さらに多くなれば民族になり、国家、世界になるのです。家庭を中心として拡大すれば世界になるのです。

愛ゆえに血統的に問題になったので、血統を正さなければ天は着陸することができません。神様がいるとするならば、どうして救いの摂理が延長し、どうして人類が今日のように滅亡しなければならないのでしょうか。

今日の現実的なすべてを見た場合に、善の世界とは思われない結果になったのは、堕落のためです。堕落することによって、サタン世界が築かれてきたのです。サタン家庭、サタン氏族、サタン民族、サタン国家、サタン世界まで成してきたので、今やサタンの「終わりの日」が来たのです。このようなサタン世界に救いの摂理が入り込み、一人、二人と変え、すべてを天の側に戻すのが救いの摂理なのです。

血筋がサタンの愛によって始まったので、神様の愛を中心として神様の血筋を定着させ得る根源的起源になっていないのです。堕落することによって、サタンを中心としてアダムがついていき、エバがついていき、カインがついていきました。本来は、神様を中心として、アダム、エバ、カイン、アベルとつながるようになっているのです。

今日の世界は、何の世界でしょうか。サタン世界でしょうか、天の世界でしょうか。サタン世界です。サタンの愛は、偽りの愛です。天の世界は真《まこと》の愛です。サタン世界には、真の愛と真の血統が存在しません。血統は必ず愛を通し、夫婦を通してつくられるのです。ですから問題は何でしょうか。救いの摂理の歩みを見ると、アダムとエバの偽りの愛から始まったので、真の愛を中心としたアダムとエバを探し立てることが、救いの摂理の目的なのです。(二四三―一八五、一九九三・一・二〇)

新たな命を接ぎ木するメシヤ

真の愛と真の生命の種をもったアダムを失った神様は、サタンの讒訴《ざんそ》条件がない新しい種をもった息子を探し立てなければなりません。これは途方もないことなのです。神様自身は探し立てられないのです。人がそれを探し立てた立場に行かなければなりません。創造時に、アダムを最初につくられたように、再創造摂理である復帰摂理も(堕落した)アダムと関係のない息子を最初に立てなければならないのです。これがメシヤ思想の根本です。

メシヤが来なければならない根本が、ここにあるのです。失った神様の血統と直結し、永遠に神の国を受け継げるその人が、神様の息子になるのです。長子です。アダムはそのような長子になれなかったのです。

メシヤは、サタンの主管下にある堕落した血統をもつ人々の生命を否定し、新しい生命の種を接ぎ木してあげるために来られる真《まこと》の人です。皆さんに接ぎ木をしてあげるために、今このようなことをするのです。家庭も接ぎ木してあげるために、このようなことをするのです。

根は神様にあるのですが、後《のち》のアダムとして来て、アダムによって引き起こされたことを清算すべき人がメシヤです。メシヤは真の父母です。神様が能力だけで役事する超人を、メシヤとして送れない事情がここにあるのです。

この地に神様の愛と生命の種をもって生まれるためには、まず母親がいなければなりません。母親が息子を生むとしても、ただ単に生むことはできません。必ず復帰の公式を通して生まなければならないのです。

復帰摂理の中に現れた母子協助は、すべて天の息子がサタンの讒訴《ざんそ》を抜け出した新しい生命の種をもって着地するための準備であり、条件なのです。母子共に、サタンの攻撃を抜け出し得る条件を立てた土台の上で、サタンを代表する長子を屈服させることによって、サタンが先に占有した愛と生命と血統を復帰していけるのです。（二八三―一九三、一九九七・四・一二）

メシヤを通した血統転換

信仰の息子、娘を中心として、いくら困難な環境でも、その環境に打ち勝つことによって初めて、アダムの立場を蕩減《とうげん》して戻ってきた位置に立つのです。そのようにして戻ってきたとしても、それは血統的にサタンの血筋を受け継いでいるので、天の前に帰れないのです。ですからメシヤは、絶対的に血統復帰をして、サタンが汚した血筋を転換させなければなりません。それゆえメシヤは、必ず来なければならないのです。

メシヤはなぜ、地上に来なければならないのでしょうか。それは根が違うからです。血統が違うからです。メシヤを迎えて血統転換をしなければならないのです。私たちは根が違うのです。今までのすべての芽を取り除き、根を取り除いて、メシヤを中心として接ぎ木をして、メシヤの根からメシヤの芽へと進んでいかなければならないのです。接ぎ木をすれば、同じ根の実を結ばなければなりません。

それゆえ既成の慣習というのは、絶対に許されません。自分は大韓民国の人であるという意識をもつこととそれ自体が、サタン側であることを自証するものです。ですから国家や民族を超越し、国境を超越して克服しなければなりません。私は天の国の民であり、私は神様の直系であり、私の根は神様であって、サタンとは関係がないと言わなければならないのです。

血統を通して何が相続されるのでしょうか。天の心情が相続されます。その心情の伝統が、どのように相続されてくるのかが問題です。いかにして今日、神様の心情が私たちに連結してくるのかというと、それは血統復帰によって可能なのです。善なる絶対的な神様を中心とした、一つしかない血統、絶対的な血統を中心として、それを自分が感じ、そこで体験することによって神様の心情圏が形成されていくのです。（一七二―五三、一九八八・一・七）

本然の因縁を回復するために来られたイエス様

信仰の理念で生きてきたユダヤ民族の精神とは、何であったのでしょうか。それは神様を信じる信仰でした。彼らは神様に頼る信仰で、神の国が建てられることを願いました。そのような願いを結実させることが、正にイエス様がこの地に降臨された目的でした。

ですからイエス様は、自分は万王の王だとおっしゃったのです。それから生活的な立場ではどのような話をされたかというと、自分は新郎であり、あなた方は新婦であると言われました。これは夫婦の一体理念を生活圏内に立てるためのみ言《ことば》でした。それゆえイエス様は、亡くなりながらも御自身と聖霊を通した父母の役事を約束されたのです。

ある面から見れば、イエス様がこの地に来られた目的は、地を創造された神様は目に見えないので、見えない神様を証《あかし》するための人間の代表者として、あるいは神様の代わりとして来られたと言えます。

では、このような使命をもってこの地に来られたイエス・キリストの視野は、どういうものだったでしょうか。まずイエス様は、天地を創造された神様を父と呼び得る立場であったことを知らなければなりません。

今日数多くの人間が、堕落圏内、すなわちこの地に生きていますが、イエス様の視線と堕落した人間の視線とは異なります。イエス様は神様を「我が父」と呼ぶ、この一つの問題に心のすべてを注ぎました。さらには、我が父だけが一番であるという因縁を実現されるために苦心されたのです。そして人間に対して、自分が新郎という名詞を立てようとされました。ところがイエス様は、神様の前に人類の新郎の資格を備える前に、天の前に新婦の立場を完結する段階を経られたのです。

創造主《しゅ》の理念を実現させるには、人間を生む父母の因縁と、生活のための夫婦の因縁と、活動のための国家の因縁と、宇宙的な因縁が結ばれなければなりません。このような宇宙的な創造の理念が、人間の生活環境に探し立てられなければ、神様は臨在することができないのです。

イエス様は、「わたしは道であり、真理であり、命である。だれでもわたしによらないでは、父のみもとに行くことはできない」（ヨハネ一四・6）と語られました。イエス様が行かれた道はどのような道かというと、父母の因縁、夫婦の因縁、国家の因縁を連結する道でした。またイエス様は、天倫の心情に通じた方であり、天国の心情に通じた方であり、摂理歴史を主管なさる創造者の心情に通じた善の中心であられました。

イエス様は「わたしは道である」と言われましたが、その道とは何の道のことを言っているのでしょうか。愛の道のことを言っているのです。また真理は、十字架の真理です。それから命は、全体的な生命を指して言っているのです。ですから、イエス様を信じなければならないのです。(三一—五三、一九五七・九・二二)

真《まこと》の父母として来られたイエス様

イエス様は、いかなる方として来られたのでしょうか。堕落した父母が生じたので、堕落した人類の原罪を清算する父母として来られたのです。その父母が霊界の父母として来てはいけません。地上の私たちと同じように肉体をもった姿、神様がアダムとエバを土で造られたように、そのような姿で来なければなりません。アダムが完成して、神様の愛の中で神様の血族になっていたならば、真の父母の歴史を中心として、人類は真の神様の直系の子女として完成し、完成した世界である理想的世界、神様の主管される愛の世界で暮らしたことでしょう。

人類がメシヤを願うのは、堕落したからです。堕落したので、メシヤを願うのです。その願われていたメシヤが来て、何をするのでしょうか。真なる父母として来て、新しく生み変えてあげなければならないのです。新しく生み変えてあげるのです。それゆえ地上のすべての人々は、新たに来られるメシヤ、すなわち父母を通して、メシヤを訪ねていき、再び生まれ変わらなければならないのです。

サタン世界の人は、ただそのまま直行していける歴史時代がないのです。メシヤを迎えて……。堕落世界においてメシヤを迎えるその道は、この堕落世界を否定する道です。サタン世界はメシヤを迎えられないように反対しているのですが、メシヤを迎えていくその道は、サタン世界を否定する最先端の場なのです。

そのような場でメシヤを迎えることになるのですが、メシヤを迎えてからは、この反対する世の中と関係のない、新しい世界へと乗り越えていかなければなりません。あたかも分水嶺《ぶんすいれい》を乗り越えるようにです。こちらはサタン世界なのですが、メシヤを中心として再び生まれ変わる、真の父母の第二の血肉の因縁を経た群れは、こちらの世界に生きる人ではありません。分水嶺を越えて、向こうの世界の人として移らなければならないのです。(一四五—一三三、一九八六・五・一)

イエス様は原罪がなく生まれたので、サタンの讒訴《ざんそ》から完全に抜け出しているのです。サタンの讒訴を抜け出すと同時に、サタンを完全に屈服させたのです。天使長を屈服させたのです。このように屈服させた立場が、神様の息子として堂々と立てる本然のアダムの立場なのです。息子に生まれて、その次にはどのようにすべきでしょうか。新婦さえ選べばよいのです。ヨセフの家庭を中心として新婦を迎えなければなりません。ヨセフの家庭はダビデの子孫です。その家庭がイエス様と一つにならなければなりません。その家庭が一つになれば親戚《しんせき》も一つになり、親戚が一つになれば氏族が一つになり、氏族が一つになれば民族が一つになり、そうなれば国家も自然と一つになるのです。

イスラエルの思想を中心とし、ユダヤ教を中心とし、選ばれたダビデの子孫を中心としたヨセフの家庭で、マリヤを中心としてイエス様を完全に神様の願いどおりに、エデンの園においてアダムとエバに天使長が侍るべきだったように、ヨセフあるいはマリヤが、イエス様に侍るべきだったのですが、侍ることができなかったがゆえに、ここで事件が起こったのです。（一五九―二〇五、一九六九・五・一二）

天の家庭の中心である救世主

イエス様はいかなる存在なのでしょうか。堕落によって失った人類の真《まこと》の父になり得る存在でした。長い歴史とともに、み言《ことば》の実践的基盤の上に立てられたみ言の実体として、父に代わる存在として来られた方でした。ですからイエス様は、「わたしは道であり、真理であり、命である。だれでもわたしによらないでは、父のみもとに行くことはできない」（ヨハネ一四・6）とおっしゃったのです。

ただイエス様だけが道の中心であり、心の中心であり、心情の中心なのです。なぜでしょうか。イエス様が父という内容をもっているからです。それゆえイエス様は、万民の救世主であり、天地を代表する方なのです。したがってそのみ言を通して父の姿を、そのみ言を通して父の心を、そのみ言を通して父の愛をたどっていくのがキリスト教なのです。

イエス様はこの地上に来られました。無限の理想を抱いて来られました。イエス様が願った希望があるとするなら、それは神様の代わりとしての希望でした。神様の希望とは何でしょうか。創造理想、創造目的を成し遂げることです。イエス様がその希望を抱いて、個人の立場で現れた当時の環境は、善なるものではありませんでした。

み旨の前に立てなかった環境は、イエス様に対して反旗を翻しました。イエス様は、その場で倒れるようなことがあったとしても、自分の心中に抱いた志操だけは地上に残していかなければなりませんでした。ですから聖書によれば、イエス様は「私はあなた方の父であり、あなた方は私の子女である」という因縁を強調されているのです（イザヤ書九・6）。

真の父母は、真の父と真の母がいなければなりません。イエス様が亡くなられたのちに、母格として来られた方が聖霊です。

この地上で霊肉を合わせた実体として、息子、娘を祝福できる一日をもてずして逝《い》ったことが、イエス様の悲しみです。語るべきみ言《ことば》を語り尽くせず、天国の家庭の基準を立てられずに逝《い》ったことが、イエス様の恨《ハン》です。天国の家庭を築けなかったので、家族を中心とした氏族、氏族を中心とした民族、民族を中心とした国家、国家を中心とした世界を築けなかったのです。

国家的基盤を備えなければならなかったユダヤの国であり、選ばれたイスラエル民族でしたが途絶えてしまい、イエス様はユダヤ教団から追われるようになりました。天もどうにもできない、惨めな反逆者として追われたイエス様でした。のちには十二使徒にまでも裏切られるイエス様となったのです。地上に天の心情に通じ得る一つの血族も因縁を結べずに逝ったことが、イエス様の悲しみだったのです。

神様の願われた神様の家庭を建設できなければ、神様が願われる民族も立てられず、民族を立てられなければ、国も世界も立てられないがゆえに、家庭を探し求めるために闘ったイエス様は、そのみ旨を果たせずに逝くときに、人類の前に「私は新郎であり、あなた方は新婦」という命題を残されたのです。それが何の意味か分かりますか。家庭が神の国の中心であるということなのです。(七―二六七、一九五九・九・二七)

二、イエス様の生涯

イエス様の出生の秘密

イエス様の家庭において、イエス様の父は誰でしょうか。ザカリヤです。ではザカリヤの本来の妻は誰でしょうか。エリサベツです。聖霊によって懐胎したというのですが、洗礼ヨハネも聖霊によって懐胎したといいました。

それではマリヤは、どのようにしてザカリヤの懐に入ることになったのでしょうか。誰かの啓示によってでしょうか。マリヤが入るのを見れば、啓示を受けなかったエリサベツは雷を落とすでしょうか、落とさないでしょうか。エリサベツに分からないように入ったでしょうか、分かるように入ったでしょうか。

一日目の夜に赤ん坊を身ごもったでしょうか。何回会ったでしょうか。いろいろと問題になるのです。話せばそうなるのです。それならばマリヤには、誰かの後ろ盾もなく一人でできる、そのような度胸があったでしょうか。それはお姉さん（エリサベツ）が紹介してあげなければならないのです。

レアがラケルの立場を奪ったので、それを蕩減《とうげん》復帰するためには姉のレアがラケルを祝福してあげなければならないのです。そうしてこそ蕩減になるのです。啓示を受けようがどうしようが、このような蕩減原則においてそのように見るのです。エリサベツが霊的に教えられて兄弟（姉妹）が一つになる立場で、そのことが可能だったのです。

なぜでしょうか。ヤコブの家庭では、兄弟が一つになりませんでした。それならば世界的国家基準で、兄弟が一つになり得る堅固な出発が行われなかったのかという、そのような論理が形成されるのです。エリサベツが自分の夫の前に紹介してあげたそのような問題があるので、近親相姦《そうかん》関係が生じるのです。先進国アメリカは、このような過程を最後まで行って振り返らなければならないのです。神様が許したのでこれが生じるのであって、自然に生じることはありません。

なぜ近親相姦関係が現れるのでしょうか。自分の姉の夫を妹が強奪するのです。それを近親相姦関係というのです。なぜヤコブの家庭でレアを入れたのかというと、蕩減法において堕落したエバがいなくては復帰時代がなくなってしまうからです。女性の世界にもカインがいなくてはならないのです。同じ道理です。

イエス様の父は誰でしょうか。ザカリヤです。その妻はエリサベツです。エリサベツが生んだ子は誰ですか。洗礼ヨハネです。イエス様の母は誰ですか。マリヤです。マリヤは誰と関係して、イエス様を生みましたか。ザカリヤです。誰が紹介したのでしょうか。マリヤが夜、こっそりと駆け込んで関係したのでしょうか、誰かが紹介したのでしょうか。エリサベツが聖霊や天の指示によって、自分の夫と自分の妹を関係をもたせるようにしたのです。それは普通、イスラエルの法ではできないことです。

なぜイエス様は死んだのでしょうか。ザカリヤは、イエス様が誰の子か知っています。マリヤもイエス様が誰の子か知っています。洗礼ヨハネはどうだったでしょうか。三十歳以上になって、そのような家庭の秘密のことを人知れず聞いたことがあったかどうか考えてみてください。あったのです。洗礼ヨハネまでもが知っている事実なのです。

しかし、このような不法的な関係で自分の一家に問題を起こすようなことをして、背後が入り乱れた中で生まれたイエス様が正にメシヤになるとは、夢にも思わなかったことでしょう。

皆さんならば、そのようなイエス様をメシヤとして迎えることができますか。妾《めかけ》の子なのに、妾の子をどうして王に迎えられるかというのです。自分が絶対服従しなければならない王、祭司長の立場に立てることができますか。できなかったでしょう。百人いれば百人がみな、その

ように考えるのが常識なのです。(二五〇—二〇〇、一九九三・一〇・一四)

ヨセフの立場

人類の先祖となるイエス様を生み、人類の母の立場にあるマリヤを、ヨセフは天使長の立場で敬って侍らなければなりませんでした。ヨセフは僕《しもべ》の立場なので、サタンがエバを誘惑して不倫の愛の関係を結んだことを蕩減《とうげん》復帰しなければならないのです。このような立場にあるマリヤとヨセフは、絶対に一つになってはいけないのです。

これは原理的に見るとき、否定できないことです。それゆえヨセフはマリヤに、誰の息子を生もうが尋ねる権限がないのです。それでもヨセフがマリヤを迎えて暮らしながら、これは誰の子かと言ったりして、いつもけんかをするので、ヨセフの親戚《しんせき》や周囲の人たちがこれを知らなかったでしょうか。それでなくても、子を宿した処女を迎え入れて暮らし、数多くのけんかをするので町内の人たちはみな、変な目つきで眺めざるを得なかったことでしょう。

それだから、周囲の近所の人たちが口うるさかったのです。それゆえ親戚たちもヨセフに、「マリヤのおなかにいる子が、お前の子なのかどうなのかも分からないなんて、なんというできそこないなんだ」と、からかったでしょうか、からかわなかったでしょうか。あらゆることが起きたでしょう。それだけではなく、このような事実を両親までも知り、その親戚すべてが知ってしまったのです。

それでは、アダムの代わりとして来られたイエス様が、この地上において探し出さなければならないものは何でしょうか。正に堕落していないエバを探すことです。清い血統に生まれたエバのような新婦を探さなければならないのです。そうして天使長に侵犯されない父母の基準を決定することがイエス様の使命だったのですが、この使命を果たせずに亡くなってしまったのです。

それができなくなった原因は何でしょうか。父と母が責任を果たせなかったからです。イエス様は生まれる前から近所でも周囲の親戚にからかわれ、追われざるを得ない立場で生まれました。そしてイエス様は物心がついてから、ヨセフとマリヤの仲が良くないことを知って、その顔色ばかりをうかがいながら育つようになったのです。また周囲にいる親戚もみな、イエス様のことが理解できなかったのです。

本来はヨセフの家庭において、イエス様は神様のひとり子であり、天の王子であるがゆえに、ヨセフとマリヤは心を合わせて、将来この地上にメシヤとして登場できるように新しい家庭を建設できる、全面的な土台を築いておかなければならないのです。

神様が四千年間にわたってイスラエル民族を育てて準備した祝福の基台の上で、イエス様が誕生されたので、ヨセフとマリヤが一つになってイエス様を金城鉄壁のように保護し、彼のために命を懸けて戦っていたら、イエス様が悲惨に亡くなることはなかったでしょう。そのようになっていれば、イエス様の三年間の公生涯路程というものは必要なかったはずでした。

もしそのようになっていたならば、イエス様の新婦は自分の親戚《しんせき》の中から選ぶことができたはずでした。本来は愛する十二弟子も、ひどく愚かな卑しい人たちを選びたかったのではありません。

本来ヨセフとマリヤは、どうすべきだったのでしょうか。神様の息子として生まれたイエス様を中心として、その家から天の法度を立てなければならなかったのです。そのためにはヨセフとマリヤが、神様の息子として生まれたイエス様に、真心を込めて毎朝食事のお膳を差し上げ、朝夕に敬拝を捧げなければならないのです。ところが、そうでなくても町中にうわさが立ち、仲が良くないのに、そのようにできたでしょうか。(二三一―二八五、一九六九・五・四)

ヨセフの不信と無知

ヨセフは、それが絶対的な神様の啓示であると信じてマリヤを迎え入れました。そのように迎え入れはしましたが、どうせならもう一度教えてほしい、二度、三度と夢の中で毎日のように教えてくれればよいのですが、そういうわけでもないので、ヨセフの心は落ち着きませんでした。

「男子の一言は千金のごとし」といいますが、神様の一言だったら数億千金になるのではないでしょうか。一度した約束は守らなければならないのであって、ばかばかしくトビのように何度も（ぐるぐる回って）確かめなければならないのでしょうか。神様はそうするわけにはいかないのです。一度教えれば、それでおしまいなのです。

ですからヨセフは、マリヤのおなかの中にいる子が男の子か女の子か分からなくても、いったい誰の子か気になったでしょうか、気にならなかったでしょうか。もし牧師の妻がそうなった場合、神聖な天の国に行こうとする牧師といえども、妻に尋ねるでしょうか、尋ねないでしょうか。尋ねないという人は気違いです。私もそのような立場に立たされれば、尋ねることでしょう。尋ねるにしても、直撃弾で尋ねます。

それならば、ヨセフの胸の中で気掛かりになり、心配の種になったこの事件がしこりのように残っているのに、マリヤに尋ねたでしょうか、尋ねなかったでしょうか。ヨセフはマリヤに、穏やかに愛に満ちた表情で、神様が喜び得る語調で、「神様はこのように教えてくださり、またみ旨があるものと思っているけれど、いったい赤ん坊を身ごもらせた人は誰ですか」と尋ねたでしょう。

そう尋ねられたマリヤの気持ちは、良かったでしょうか、悪かったでしょうか。実際、そのような質問は、して当然のことです。マリヤは「私は知りません！」と返事ができたでしょうか。ヨセフはマリヤの命の恩人なのに、そのように答えることができたでしょうか。それとも、「はい、話しましょう」と言ったでしょうか。マリヤの身をよく考えてみてください。どうしたでしょうか。間違いなく、うんうんとうめきながら、そわそわしたことでしょう。女性たちがそうだと答えるのですから、間違いありません。

けれども、それが返事のできる内容でしょうか。もし答えた場合には、天地が動揺し、世界がひっくり返り、一族が滅びるとしたら、いくらヨセフが尋ねたとしても返事をすべきでしょうか、してはいけないでしょうか。

横で口を固くつぐむマリヤを見ていたヨセフの気持ちは、どうだったでしょうか。「私は実に素晴らしい妻を迎えた」と思ったでしょうか。考えてみてください。そして尋ねたことに答えもせずにいるマリヤを見て、ヨセフがじっとしていたでしょうか。「おい、誰の子なんだ?」とまた尋ねたでしょう。それでも返事をしないので、三回目に尋ねるときは怒りを帯びて、「あなたは本当に言えないのか」と言ったことでしょう。ですから、家庭不和が起きたでしょうか、起きなかったでしょうか。男は一度尋ねれば、答えが聞けなければ気分が悪いのです。

そのようなものですから、部屋に入ってもヨセフがふんぞり返って座っていれば、マリヤはまともに座ることができたでしょうか。マリヤを見つめるヨセフの視線は、もう昔のようには優しくなかったのです。このような局面で、ヨセフとマリヤは数えきれないほど言い争いをしたでしょう。

また近所の人たちから見ると、婚礼の日が過ぎたのにヨセフは結婚祝いもせずに、処女を迎え入れて暮らしていることも疑わしい上に、毎日けんかをしているので、「ヨセフはいい人なのに、何か特別な事情でもあるのだな」と、ひそかにこそこそと議論をしたでしょう。そのように十か月を過ごす間、マリヤがイエス様を流産しなくて幸いでした。

それではヨセフは、マリヤとけんかして殴ったでしょうか、殴らなかったでしょうか。ヨセフにむち打たれて暮らしたマリヤは、悔しく思ったでしょうか、思わなかったでしょうか。悔しかったことでしょう。ところが聖書には、このような内容は記録されていないのです。（三八―一九八、一九七一・一・三）

悲しく育ったイエス様

イエス様は、死ぬために来られたというのでしょうか。イエス様の夢は、死ぬことにあったというのでしょうか。もしイエス様が死ぬために来られたとするならば、神様は選民を何のためにお立てになったのでしょうか。

イエス様は、悲惨な環境でこの地上に生まれました。それはマリヤとヨセフが、責任を全うできなかったからです。イエス様を生んだマリヤも、天の美しい天使たちの指導を受けて、自分の生んだ男の子は、将来どのようになるかを知りました。かと言ってイエス様が育つとき、神様がいつもマリヤと共にいてくださったわけではありませんでした。したがって日がたつにつれてマリヤは、思いもよらずイエス様が生まれたものと考えるようになったのです。このようなヨセフの家庭で、イエス様は育ったのです。

一方、ヨセフには、イエス様は本当に聖霊によって懐胎したのか、それとも誰かによって懐胎したのか疑わしいという気持ちが生じるようになったのです。ですから、考えれば考えるほど心苦しかったのです。婚約した処女が赤ん坊を身ごもって来て、「聖霊によって懐胎した」というのですから、ヨセフはどのような気持ちだったでしょうか。神様が教えてくださったその事実は信じたかもしれませんが、イエス様とマリヤを見るたびに、どうして激しい苦痛を感じないでいられるでしょうか。

このようにイエス様は、義父のもとで悲しく育たなければならなかったのです。このようなイエス様の事情を知らなければなりません。哀れなイエス様でした。弟たちの面倒は見てあげましたが、弟たちから少しも愛されなかったイエス様でした。イエス様は、ヨセフから何々をするようにという言葉を聞くときにも、真心から父の愛を受ける立場で聞くことができませんでした。義父から疑われる立場で聞いたのです。このようにイエス様は、見えない虐待の中で育ったのです。（一六―二四、一九六五・一二・二六）

責任を果たせなかった親戚《しんせき》

私たちは、ヨセフが義なる血統の出身だと見ますが、ほかに誰を挙げることができるでしょうか。私たちはヨセフの家庭と、ザカリヤの家庭を挙げることができます。家庭的には、一家庭はカインの立場にあり、もう片方の一家庭はアベルの立場にありました。

ザカリヤの妻であるエリサベツとマリヤは、彼女たちの二人の子供、洗礼ヨハネとイエス様に関して相談しなければなりませんでした。子供たちがどのように育ち、子供たちを育てるに当たって困難なことなどを話し合わなければなりませんでした。彼女たちは二人の子に関心をもたなければなりませんでした。マリヤとエリサベツは姉妹のような立場でした。したがって、イエス様と洗礼ヨハネは近い関係だったのです。

洗礼ヨハネは、生まれるときから不思議な、非凡な子供でした。洗礼ヨハネが生まれる前にも、とても不思議な話がありました。彼の父、ザカリヤは祭司長でした。ザカリヤが至聖所で供え物を捧げていたとき、主の使いが彼の前に現れて、子供が生まれることを知らせてくれました。彼の妻は既に老いていましたが、そのような啓示があったのです。

けれども彼は、その話を信じなかったので口がきけなくなりました。そしてその子供が生まれたのちに、彼が主の使いから言われたとおりにその子供の名前を教えると、そこで口がきけるようになったのです。町中の人たちがそのうわさを聞きました。イエス様もまた同じ経路で、同じような不思議な方法で生まれました。

聖書では私たちは、マリヤがたった一度しかエリサベツの家を訪問しなかったということを発見します。これはまた別の複雑な話です。もし彼女たちが近い姉妹であれば、彼女たちはいろいろ相談しようとお互いに行ったり来たりしたはずです。ザカリヤとエリサベツも、神聖な赤ん坊であるイエス様に関するうわさを聞きました。ですから彼らは、近所の人たちのこそこそ話のゆえにマリヤが足しげく訪ねてくることを好みませんでした。それでマリヤは、エリサベツの家をそれ以上訪問することができなくなったのです。

もしエリサベツとマリヤの二人が、神様のみ旨のもとに一つとなってイエス様の使命に関して互いに行き来して話し合うことができていたならば、事は非常に簡単になっていたでしょう。

イエス様の道をまっすぐにするために来た洗礼ヨハネについて考えると、もし彼が主イエス様を証《あかし》することができていたならば、洗礼ヨハネを高くあがめていた当時の人たちが、イエス様にもっと簡単に従うことができたでしょう。さらにまた、その二人の母親たちも一つになっていたならば、事ははるかにたやすくなっていたでしょう。(五二―一二九、一九七二・一二・二五)

マリヤの役割

赤ん坊を生もうとすれば、多くの人たちからじろじろ見られるだろうし、名門の娘が非嫡出子を身ごもり、おなかが膨らんでよたよたと歩くのを、その両親は見ることができたでしょうか。体面と威信を知らぬはずのないマリヤですが、そうかと言って死にたくても死ぬことができないのです。

自分一人が死ぬことは問題ではないのですが、天使ガブリエルが現れて、間違いなく神様の息子を懐妊すると言ったので死ぬこともできず、そうかと言って事情を打ち明けることもできない立場でした。孤独な心情を独り抱えて、女性としての最高の死地で身もだえせざるを得なかったのです。

ですからマリヤは、機会さえあれば神様に切に求めたのです。「神様！　私はこの群衆の前で赤ん坊を生める事情ではありません。私が赤ん坊を生むとすれば、旅人の境遇でもよく、ジプシーの境遇でもよいので、国境を越えることがあってもこの地域を抜け出して、赤ん坊を生めるようにしてください。そのようなことが可能な道があるならば、その道を選ぶのが私の願いです」と祈ったでしょう。

日ごと募る思いで、このような祈祷をしたことでしょう。神様はこのようなマリヤの心情をあまりにもよく知っていらっしゃったので、住民登録をするために行く途中、ベツレヘムでイエス様を生ませたのです。これはみ旨を思うマリヤの心に対する、神様の手厚い愛であることを知らなければなりません。

このようにしてマリヤが赤ん坊を生めば、両親は孫を見て喜び、兄弟や親戚《しんせき》もみな喜んで歓迎しなければならなかったにもかかわらず、そのような立場になっていないのでイエス様を連れて故郷に帰ることができたでしょうか。帰ることができなかったのです。そのようなときに神様は、ヘロデ王がイエス様のことをねらっているという事実をヨセフとマリヤに知らせ、エジプトに身を避けるようにしたのです。

それゆえ故郷に背を向け、エジプトに行って三年間過ごし、ヘロデ王が死んだのちに再びガリラヤのほとりに戻って暮らしながら、イエス様は人知れぬ成長過程を経てきたのです。継子の身に生まれたイエス様が、ヨセフの家庭で三十年間大工の仕事をしながら、楽な生活をしてきたかというのです。

ヨセフはマリヤとの情が薄れたので、イエス様の事情を分かってあげようとはしませんでした。イエス様の事情を一から千万に至るまで分かってあげる、そのような家庭になれなかったのです。マリヤもそのような事情圏内で暮らしながら、夫ヨセフを見つめるたびに過去のすべてのことを男性の立場で考えれば、そうならざるを得なかったという思いもするようになったのです。

ですから、イエス様を抱いてヨセフの前で誇らしく乳を飲ませられる立場になれなかったのです。イエス様は、大きくなりながらこのような交錯する心情を体得するようになると、自分の母の膝《ひざ》のもとに行って座ろうとしても、ヨセフの顔色をうかがわなければならなかったのです。継子は義理の父母に従わないものです。しかも弟たちにも歓迎されない局面になったので、イエス様はどんなに孤独だったでしょうか。私たちは、イエス様の恨《ハン》を解かなければならないのです。

それでは、神様が四千年間苦労して立てられたイスラエルの国とユダヤ教は、誰のために立てたものでしょうか。イエス様一人を愛するためでした。またイスラエル民族を代表し、ユダヤ教を代表して、ユダ支派のヨセフの一族を選んだ理由は、どこの誰よりもイエス様を愛するようにするためでした。イエス様を愛するようにするために、ヨセフとマリヤを選び立てたにもかかわらず、ヨセフはイエス様を愛することができず、マリヤもまたイエス様を愛することができなかったのです。

マリヤは本当のイエス様の母として、イエス様の深い心情を知り、今後すべきことは何かとイエス様と話し合いながら、ヨセフとイエス様とを仲立ちする役割をしなければなりませんでした。その家庭で、イエス様が自由に生活できる舞台をつくってあげなければならなかったのです。

そのような主導的な役割は、イエス様御自身が直接できません。マリヤがしなければなりませんでした。しかしマリヤは、このような責任を果たせる立場になれませんでした。過去からヨセフと交錯した心情が累積している事情に追われたマリヤは、知りながらもヨセフの顔色をうかがう立場でイエス様に対さざるを得なかったのです。そのような生活の中でイエス様は、三十年余りの生涯を送られたのです。（三八―二〇二、一九七一・一・三）

イエス様に侍るべきだったヨセフの家庭

本来ヨセフの家庭は、イエス様に侍り、天の法度を立てなければなりませんでした。それはなぜでしょうか。イエス様は天の王子であるからです。それならば、天の王子に侍るマリヤはどのような人物でしょうか。マリヤは、イエス様の母ではありません。母は母ですが、神様のみ旨を中心として見れば、母ではないのです。

神様には、息子を生める娘がいません。それでイエス様も娘を通して生まれたのではありません。本来はエバ自体が完成して、神様の愛に一致できる結果のもとで、娘に決定されなければならなかったにもかかわらず、堕落したので神様の娘になれなかったのです。

このように神様の息子を生める女性がいないので、神様は仕方なく僕《しもべ》の体を借りてでも、息子の種を残さなければなりませんでした。そのような運命から僕の立場であるマリヤを通して、ついに天の王子が生まれたのです。天の王子が生まれたのならば、その次に天の王女がいなければなりませんが、王女がいませんでした。

それならば、マリヤの果たすべき使命とは何でしょうか。僕から娘に、娘から母に上がることです。復帰の路程を経なければならないのです。では僕の体で、神様の娘になり得る立場に立つためには、どのようにすべきでしょうか。神様がアダムを創造し、アダムを見本としてエバを造られたように、マリヤも創造原則によってイエス様に従って復帰されなければならないのです。

マリヤは、イエス様の願いと一つにならなければなりませんでした。神様の息子であるイエス様は、兄や姉がいるわけではなく、父がいるわけでもありません。不憫《ふびん》にも世の中で信じられぬ僕の体を借りて生まれてきたので、イエス様と因縁を結んでいる人はマリヤしかいませんでした。ここでマリヤは、イエス様の心情を知り、イエス様のみ旨に従って、千万の死の道を歩んでも、天の王子であるその息子が行動できるように、家庭、社会に、万全の準備をしなければならないのです。

その次には、天道を立て得る生活の法度が、マリヤとイエス様の間にできなければならず、その事情を中心として、マリヤはヨセフを引っ張って入り、イエス様のみ旨に応じられるようにしなければならないのです。それがマリヤの責任だったのですが、マリヤの立場は、そのようにできる自然な立場ではなかったのです。

マリヤはか弱い女性の身で、自らの使命を果たすにはあまりにも手に負えない環境に追い込まれていました。ヨセフを捨ててみ旨だけに従っていくこともできず、自分の息子、娘を捨てて、イエス様だけに従っていくこともできない立場だったのです。あれもこれもできず躊躇《ちゅうちょ》する中で、イエス様は独り、時の責任と使命をすべて負うようになったのです。

本来マリヤは、天の生活的な規範を中心として、僕《しもべ》の身で息子の行ける天の規範を立てなければならず、娘の行ける天の規範を立てなければなりませんでした。その次には、神様の王子の前において、王女として代を継ぎ得る接ぎ木をされなければなりませんでした。その接ぎ木をされるとは、アダムの体を通してエバが創造されたように、イエス様のみ旨とイエス様の思想とイエス様の願いに、マリヤが一致して復帰されるということです。マリヤにはこのようなことを植えて、刈り入れるべき責任がありました。

そうしてイエス様の骨の中の骨であり、肉の中の肉になることができる一人の新婦をヨセフの家庭を中心として、マリヤの精誠の基台の上に決定しなければなりませんでした。ところがそのようにできなかったので、イエス様はマリヤをつかんで涙を流しながら、「あなたは天倫によって、私と因縁が結ばれているので、天のみ旨を立てなければならない」と、御自身の心情を吐露されたのです。けれどもマリヤは、それを受け入れて協助する立場に立つことができなかったのです。

それゆえイエス様は、母がいたとしても天を中心として愛し得る母をもつことができなかったのです。マリヤは地上の母として、誰よりも天の恩寵《おんちょう》をもってイエス様を愛さなければなりませんでした。たとえ僕の体だとしても、僕の中で最高の愛を天の王子から受けるべき母の立場でした。それにもかかわらず、そのようなことができる立場にマリヤが立てなかったので、イエス様は三十歳のときに家を出ていくことになったのです。

イエス様は、三十年の生涯を過ごすなかでマリヤとヨセフが責任を果たすことを待ちましたが、マリヤはそのような考えさえもできなかったのです。これ以上無為に歳月を送ることができず、三十歳のときに公的な路程を出発したのです。そうして再度、神様のみ旨に従い得る氏族編成に乗り出したのです。（三八—二〇四、一九七一・一・三）

第三章　イエス様の三十年の準備時代

一、イエス様の家庭事情

正しく知ってイエス様を信じるべき

聖書を見れば、イエス様の生涯の記録は三年の公生涯から始まります。その前に、イエス様の誕生についてとか、十二歳にエルサレムに行ってきたという若干の記録はありますが、それは問題にもならないほどです。

それよりも三十歳になるまでの間、何をしたのか、家では和やかに育ったのか、両親は愛してくれたのか、兄弟の仲が良かったのか、遠い親戚《しんせき》までイエス様を尊敬したかなどの内容は、一つも分からないのです。そのような内容は、聖書に記録されておらず、ぷっつりと切れてしまっています。

なぜこのような話をするのかというと、歴史は正しく明らかにされなければならないからです。自分の両親が国の逆賊ならば、逆賊であると明らかにしなければならないのです。

キリスト教の中心であられる、イエス様について知らなければなりません。その方の歴史について論じようとするのではなく、ただその背後がどのようなものだったのかについて調べようとするだけです。背後が正しくなっているのか、それとも誤っているのかという過去の歴史を知ってこそ、今歩んでいる方向が正しい方向に進んでいるのか、正しい結果として決定されるのかを推し量ることができるので、このような話をするのです。

イエス様の三十年の生涯路程は、ほとんど聖書に記録されていません。聖書の四福音書とか使徒行伝を見ると、イエス様の死後、使徒たちが記録した三年の公生涯路程だけが記されています。

ですからイエス様が、三年路程でペテロやヤコブなど使徒たちを連れて回る所で、いつも親《しん》戚《せき》に会うこともでき、すべての事実がみな分かる地域であるにもかかわらず、どうしてヨセフの家庭の一族は、一人もイエス様のあとに従わなかったかというのです。いとこやまたいとこ、母方のいとこたちがいたはずなのに、誰もイエス様がどのような人なのか分からなかったのです。その原因はどこにあったのでしょうか。

もしある家に長男がいるとすれば、その長男が継子だとしても、彼が家を出て三年間ある志を抱いて新しい仕事をするからといって、多くの人々が関心をもって彼について回るのに、それを見る親戚の人たちが、そこに一人も加われないのかというのです。

反対に悪いことでもするならともかく、多くの人たちから驚くべき推戴《すいたい》を受け、またその背後に現れた奇跡とか、歴史になかった驚くべきことをして回るイエス様であるにもかかわらず、親戚がそれほどまでに厚かましく知らないふりができるでしょうか。イエス様にも友達がいたはずです。手助けをしてくれる兄弟や友達が一人でもいて、家庭を中心として妹やおばなど、真心からイエス様のことを心配しながら泣きわめいたりする人が一人でもいたでしょうか。そのようなことがすべて謎《なぞ》なのです。（四〇―一四、一九七一・一・一六）

イエス様を愛せなかったマリヤ

マリヤが本当の意味で、この地上のいかなるサタン世界の母親よりも、イエス様を愛さずして愛の道を訪ねていくようになれば、天理の法度から外れるのです。マリヤは、イエス様のために選ばれた女性です。したがってマリヤは、イエス様の母としてイエス様を懐妊して出産すれば、誰よりもイエス様を愛さなければならないのです。

愛する際には、この世のいかなる母親よりも高い立場で愛さなければならないのです。自分の命を捧げ、自分が引き裂かれて死ぬことがあっても、愛を守るために行かなければならないのです。死と引き換えるようなことがあっても、愛を守るために行かなければならないのです。ヨセフが曖昧《あいまい》であるならば、足でけっ飛ばしてでもイエス様のために大げんかをして、足が折れて頭が切れるようなことがあっても、イエス様を愛することに夢中にならなければならないのです。それにもかかわらず、ヨセフと暮らすのですか。イエス様を愛したという立場で育て、愛する年ごろになれば、妻をめとらせて愛し得る立場まで送り出さなければならないのです。

イエス様は、幼い時から母の愛を受け、「私の母は、天上天下《てんげ》に二人とない母です。たった一人しかいない母です。神様、この母は愛さずにはいられない私の母ですので、あなたの国に私の母として入籍してください」と言うべきなのです。イエス様が決定してこそ、マリヤも天国に入籍できるのです。ところが、入籍できないマリヤをカトリックでは聖母と呼んでいるのです。何が聖母でしょうか。天の国に入籍できなかったのです。

それを考えると、母親はイエス様のことを愛したでしょうか。夫も知らない、誰も知らないという立場でイエス様だけを愛することに夢中にならなければならないのです。世界史にない母として外的な環境がどうであれ、イエス様の前に愛を注ぎ、イエス様のために一生の精誠をすべて捧げて息子を愛する母にならなければなりませんでした。一等の母にならなければならなかったのです。マリヤはそうだったでしょうか。それができなかったので、イエス様から「婦人よ、あなたは、わたしと、なんの係《かか》わりがありますか」（ヨハネ二・4）という言葉を言われても当然なのです。全く当然のことなのです。

イエス様が少し物心のつくぐらいのころ、兄弟たちが生まれて育つ中で、弟たちがイエス様を冷遇したのです。よくよく見ると、イエス様は継子であり、その兄弟たちは実の息子なのです。ですからマリヤとヨセフの間に、イエス様ゆえにいつもトラブルが起きたのです。

非嫡出子として生まれたイエス様は、あきれたのではないでしょうか。彼らとけんかすると、弟たちはいつも誰の所に行くかといえば、お母さんの所に行くのではなく、お父さんの所に行って、お兄さんがどうのこうのと言うので、もとから心が安らかではなかった立場にいたヨセフが、いい言葉を言ったでしょうか。

すべて災いのもとになったのです。ヨセフもそうであり、弟たちもそうであり、その環境というものはあきれたものです。義父のもとに入ればそのようになるのです。ですからイエス様は、父の愛を受けたことがありますか。弟たちの愛を受けたことがありますか。愛を受けていたなら、なぜ家を出たのでしょうか。家を出る必要がないのです。ペテロ、ヤコブ、ヨハネなど十二弟子が必要でしょうか。自分の親戚《しんせき》を中心として引っ張っていけばよいのです。ところがそのようにできなかったので、ヨセフの一族は滅びていったのです。彼らがイエス様を擁護し、イエス様を中心として進んでいたならば、イスラエルの国が滅びるはずはなく、ユダヤ教が滅びるはずはありません。（五〇―六四、一九七一・一〇・三一）

イエス様とマリヤの立場

神様を中心とした三位一体（神様、アダム、エバ）が崩れたので、これを再び探し立てなければなりません。それでアダムの代わりとして立てられた存在が、イエス様です。アダムが失敗したので、失敗した三位一体の空席を埋めるために、イエス様が来られたのです。このような内容も知らずに、イエス様が神様だというのですか。神様が神様に祈りますか。「アバ、父よ、もしできることでしたらどうか、この杯をわたしから過ぎ去らせてください」（マタイ二六・39）と祈ることができるでしょうか。

神様は二人でしょうか。それならば、イエス様が十字架に釘《くぎ》打たれて亡くなるとき、神様御自身が十字架を負われたのではないですか。このような矛盾だらけのでたらめな内容を信じると言っているのですから、現在の知性人たちから追われるしかないのです。

本来人間が堕落しなかったら、誰が父になるのでしょうか。神様です。神様が父になるのです。ところが、今は誰が父になっていますか。サタンです。堕落することによって、サタンが父になったのです。したがって、すべて神様の子女に復帰しなければならないのです。サタンを中心として展開していくこの世は、すべて神様のみ旨とは一致しない怨讐《おんしゅう》の世界なので、これをすべてひっくり返して、本来の姿を備えた息子、娘を中心として、本然の国家と世界をつくらなければなりません。そのためにイエス様が来られたのです。それなのに、イエス様が死んでよいのでしょうか。

ではイエス様は、この地上に来られて、どのように蕩減《とうげん》復帰すべきでしょうか。蕩減復帰の原則から探ってみると、初めにサタンがエバを引き込み、その次にアダムを引き込みました。これを蕩減復帰するためには、どうすべきでしょうか。エバを奪われたので、奪われたエバを元に取り戻さなければならないのです。ところが、天地創造の原則により、アダムを見本としてエバを造られたので、蕩減復帰をしようとするならば、アダムの創造のような役事がなければならないのです。その方が、四千年間準備した基盤の上に送られたイエス様です。

イエス様は、アダムが失ったものを復帰するために再創造された、堕落していない第二次アダムなのです。コリント人への第一の手紙第十五章45節に、「最初の人アダムは生きたものとなった……しかし最後のアダムは命を与える霊となった」と記録されています。

では第二のアダムとは、何でしょうか。堕落していない父母です。このような点から見ると、マリヤはエバの代わりの立場なのです。ですからエバがアダムを殺したので、それを蕩減復帰するためには、エバの立場に立ったマリヤがアダムの代わりであるイエス様を再び生まなければならないのです。

ではヨセフは、何の立場でしょうか。天使長の立場です。エデンの園において、天使長は神様を中心としてアダムとエバに侍ってあがめるべき立場にあったので、天使長の立場に立ったヨセフは、神様を中心として蕩減《とうげん》復帰の原則によって、イエス様とマリヤに侍って敬わなければならないのです。蕩減復帰の原則がそうなっているのです。

それならば、マリヤとヨセフは一緒に暮らすべきでしょうか、一緒に暮らしてはいけないでしょうか。本来は一緒に暮らしてはいけないのです。（二二―二八三、一九六九・五・四）

イエス様の事情

イエス様は家を出て一人で歩き回ったので、どんなにあきれたことでしょう。神様が四千年かけて準備したその国は、どこへ行ったのでしょうか。それでも四千年の間、国を建てたのは、その基台の上にイエス様を送り、イエス様を中心として世界を救うために神様が準備されたのです。それにもかかわらずその国が排斥し、四千年間準備したこのユダヤ教が排斥したのです。

ヨセフの家庭を中心として、信頼の焦点（中心）として知ってついてきてくれることを望んだのですが、排斥するのですからどうしますか。ですからイエス様はあきれるでしょうか、あきれないでしょうか。彼らが歓迎しない立場に立ったので、どうなったでしょうか。国に期待しても希望が途切れ、教会に期待しても希望が途切れ、親戚《しんせき》に期待しても希望が途切れて、行こうとしても行けないようにすべてふさがってしまったので、仕方なく土窟《どくつ》を訪ねていき、貧民窟《くつ》を訪ねていかなければならない身の上になったのです。ですからあきれたでしょうか、あきれなかったでしょうか。

イエス様が家を出て一人で歩き回るので、どれほどおなかがすいたでしょうか。そのような自分自身に対して、どれほどあきれたでしょうか。その上に家を出てきたので、再び帰ることもできない立場でした。聖書にイエス様が家に入って、兄弟たちと楽しく話をして、自分の行った奇跡を自慢したという内容がありますか。そのような内容がどこにありますか。

三年間ぼろを着て歩き回りながら、自分の親戚を抱き締めて話したことがあるかというのです。故郷の山河を訪ねていき、三十年の生涯に自分を育ててくれ、愛情をかけてくれたその母と夜を明かして話をした時があったでしょうか。イエス様が来たといって、ある日、母が餅《もち》を作り、祝宴を開いてイエス様を歓迎したという内容が、聖書にあるでしょうか。本当にあきれてしまうのです。

イエス様は家を出たので、おなかもすき、物悲しかったことでしょう。そのとき、近い親戚の家で婚姻の祝宴が開かれるからと、そこへ行くことになったのですが、そこはガリラヤのカナの婚姻の祝宴をする家でした。その家は母マリヤのとても近い親戚の家だったのですが、イエス様はおなかもすいていたので、御飯も食べお餅も食べようとして行ったのです。そこで、ぶどう酒を作る奇跡を起こしました。

そのときマリヤは、台所に酒がなくなったことを知って、イエス様にぶどう酒がないと言いました。ところがマリヤは、イエス様のことが好きで、神様の息子で能力が長けているので、ぶどう酒を作ってくれるものと思って頼んだと思いますか。マリヤがイエス様のことを、能力に長けた神様の立派な息子、能力を自由自在に発揮できる聖なるイエス様と思って、ぶどう酒がないと言ったと思いますか。哀れにも、もらって食べようとやって来て、それを期待して待っているような姿に見えたので、期待するなという意味でそのようなことを言ったのです。そのようにも言えるでしょう？　よくも解釈できれば、悪くも解釈できるのです。

当時イエス様はおなかがすいていたでしょうか、すいていなかったでしょうか。誰か付き従いながら食事を出してくれた人がいたでしょうか。恵みを受けようという人たちはたくさんいて、イエス様を利用しようとする人たちはたくさんいました。しかし、暑ければ暑くはないか、寒ければ寒くはないか、おなかがすけばおなかがすいていないか、困難であれば困難ではないかと、先を争って進みながら、むちで打たれるとしても自分が打たれ、困難があったとしてもその困難を自分がかぶり、イエス様の悲運を代わりに担当しようという人が一人でもいたのでしょうか。（四〇—二〇、一九七一・二・二六）

イエス様の内的三十年の準備期間

イエス様が三十年の間、準備したものとは何でしょうか。今まで神様が摂理した内的世界においてもつれた曲折をすべて解き、これを外的な世界にそのまま横的に展開させて蕩減《とうげん》復帰するための準備期間でした。三十年の準備期間は内的であり、三年の公生涯路程は外的期間です。三十三年の期間を通して完全なアダム復帰、個体完成を完結させるために闘ってきたということを知らなければなりません。

メシヤとして生まれたその日から、メシヤの振る舞いをするのではなく、先祖たちが誤っていたら、誤ったすべてを完全にサタンの前に蕩減して、分別された勝利的基盤を築いた土台の上で、メシヤとして出発ができるのです。この地上にそのような出発ができる土台があったならば、イエス様は苦難の道を行く必要がないのです。

もし東方の博士、あるいは羊飼いなどが、イエス様が準備時代として内的な闘争をする三十年の準備期間に、イエス様の垣根となって外的な闘争の基盤を築き上げていたら、イエス様は外的三年の公生涯路程で、内的なそのすべての天的な恨《ハン》を地上に横的に展開させて蕩減するに当たり、苦難の道、迫害の道、苦労の道を行かなくても土台を築くことができたでしょう。

また築かれたその土台を中心として、これを動かしていって苦難に遭ったとしても、これを基盤として、彼らと連絡できる洗礼ヨハネを中心とした人たちが責任を果たしていたならば、イエス様は外的な苦難にぶつからなくても、み旨を成し遂げることができたでしょう。しかし、このような土台がすべて崩れていくことによって、イエス様は東方の博士や羊飼いたちが追求していた人間の代表としての使命を再び収拾して、洗礼ヨハネを立て、それまで築いてきたすべての準備の基盤まで収拾してこそ、時代の前に現れることができるのです。

それゆえ長く見れば、四千年の歴史を収拾しなければならず、自分の生涯について見れば、三十年余りの生涯路程において、天が準備した横的な地上の歴史的条件までも蕩減《とうげん》しなければならなかったのです。それでイエス様が蕩減しなければならない期間が、三十年の生涯と三年の公生涯路程であるということを知らなければなりません。この三年の公生涯路程というのは、極めて悲しい路程です。人間が責任を果たせなかったことによって、イエス様が苦難の道を行き、十字架の道を行ったということを私たちは知らなければなりません。

イエス様が三十三年間、この地上で天を代表して戦った目的はどこにあるかというと、個体完成です。それゆえサタンが、三大試練をしてきたのは何でしょうか。イエス様を一時的な一怨讐《おんしゅう》として試練をしたのではありません。イエス様の全体目的を前に試練したのです。サタンが試練するに当たって、イエス様の三大試練の内容と同じ、そのような目的の実体になって試練してくる者に対して、「サタンよ、退け」とあらかじめ防いでくれる人がいたのなら、イエス様には試練は必要ないのです。三大試練は必要ないのです。

試練を通さずに出発と同時に個体完成となり、出発と同時に聖殿理想が完成し、出発と同時に世界の栄光を立てられるようになるのです。そのような基準が出発と同時に一度に起きるはずだったのですが、そのような外的な環境からあらかじめ防いでくれ、サタンと対決して「このサタンめ、お前が知る前に私が知っている。お前が試練するこのような条件は、私にしても駄目だ」と、防いでくれる人たちがいなかったがゆえに、イエス様は苦難の道を行ったのです。

（一五三―一三四、一九六四・一・三）

私生涯期間のイエス様

イエス様は物心がついてからは、食べるのも民族のために食べ、暮らすのも民族のために暮らしました。彼が何よりも苦心したことは、天の父のみ旨のために生きることでした。ところが、天のみ旨のために心を痛め、気をもんだイエス様の三十年余りの生涯を知り、イエス様を引き止めて求めた者がなく、イエス様を引き止めて捜しに出た者がなく、イエス様を引き止めて彼の心中をたたいた者が、その当時、一人もいませんでした。（マタイ七・7「求めよ、そうすれば、

与えられるであろう。捜せ、そうすれば、見いだすであろう。門をたたけ、そうすれば、あけてもらえるであろう」参照――訳注)

そのような環境であったがゆえに、不憫《ふびん》なイエス様になってしまったのです。天のために民族の代わりに求めなくてはならない立場になり、民族の代わりに捜さなくてはならない立場になり、民族の代わりに門をたたかなくてはならない立場になったのです。イエス様はこのように、上には天に代わって求め、捜し、門をたたかなくてはならない立場に立ち、下には地に代わり、民族に代わって、切に求めなくてはならない立場に立つようになりました。また切なる心情を抱いて捜し、民族の心情をたたき、民族の心を開かなければならない立場に立つようになったのです。

不信と裏切りの民族を見つめるイエス様は、その民族が寝ているときも、享楽に浸っているときも、楽に眠ることができず、休めず、楽しむことができず、民族をつかんで天と因縁を結んであげるために戦われたのです。このような事実は、イエス様御自身だけが知っておられました。民族の中の誰一人として、イエス様の心情を慰めてくれる人がいなかったのです。

環境から懸け離れたイエス様の心情は、み旨の時を待ち焦がれるどころか、何とも言えないいらだちの気持ちを禁じ得なかったでしょう。三十年余りが過ぎ、み旨の実践路程を覚悟して乗り出したイエス様の心情は、悲壮であるならば何とも言えないほど悲壮であり、形容し難い心情であり、人間としては体恤《たいじゅつ》できない耐え難い心情だったのです。このような気持ちでみ旨を実践しようとする公生涯路程を心配したイエス様であることを、私たちは悟らなくてはなりません。（六一―一七一、一九五九・四・二六）

み旨の展開前の生活

もう一度イエス様のことを考えてみましょう。イエス様は天の玉座を前に復帰の使命を担い、この地の悲惨な立場で来られました。そのように来たイエス様は、何をすべきだったのでしょうか。彼には万物を復帰すべき責任があり、万民を復帰すべき責任があり、僕《しもべ》（天使）を復帰すべき責任があり、また子女を復帰すべき責任がありました。

それゆえ彼は、父母の中でも世界的な父母の心をもたなければならず、兄弟の中でも長男の心、兄の中でも兄の心をもたなければならず、世界的な孝子の心をもたなければならず、世界的な忠臣の心をもたなければなりませんでした。また世界的な祭司長の心をもたなければならなかったのです。

そしてこの地上で神様の前に忠誠を尽くして、善の実績を積んだ先祖たちがいるならば、彼らに後れを取らない忠誠の心までもたなければなりませんでした。それゆえイエス様は、エルサレムで暮らしながら御飯を食べるときも、「神様、私は御飯を食べますので、アブラハムの祭壇に供えられた三つの供え物として受け取ってくださいませ」と祈るような生活をしました。堕落によってすべてを失ったために、嘆息の圏内にある万物と人間のすべての嘆息の条件を、内的に蕩減《とうげん》すべき使命が彼にあったからです。それでイエス様は人知れず、そのような歴史的な生活の基盤を築いていかなければなりませんでした。彼は人間の世の中でみ旨を展開する前に、人知れず内的心情の世界において、歴史の背後を中心として生活しなければならなかったのです。

彼が三十年の間、世の中で笑って、いいかげんに生活したように思うかもしれませんが、彼の生活すべてが祭祀《さいし》でした。彼が見聞きするすべてが、父が受け取り得るものであったのです。「私が泣くのは、お父様（神様）の苦痛と因縁を結ぼうとするからであり、私が動くのは、この地、この悪なる世をお父様のものとして捧げるためです」という基準で生活したのです。そして、この地のすべての万物と関係を結ぶことを絶対的な目的としたのです。このようなことを知らなければなりません。

イエス様は寝ても覚めても、自分によって万民の罪が贖罪《しょくざい》されることを願う心情をもっていました。眠るときも、万民の罪が贖罪されることを願う心情をもって寝床に就いたのです。人知れぬ静かな夜に目覚めて起き、寝ている万民の代わりに独り祈り、祭祀を捧げる祭司長的な使命を果たすこともありました。「お父様、天宙的な恨《ハン》の条件を蕩減するための一つの実体として、私を受け取ってください」という隠れた祈祷の生活をしたのです。

イエス様の生活を見ると、彼は万物の価値を無限として、万物の恨を晴らしてあげるために努力しました。また僕《しもべ》の立場で、僕の中の僕の生活をしました。そして息子の使命をもって、息子の中の息子の使命を果たしました。このように三十余年という短い生涯路程でしたが、彼はその生涯の間、復帰の恨全体を一身に懸けて蕩減の条件を立て、ゴルゴタの山頂まで行くことによって、サタンを屈服させたのです。（一二一―二二四、一九六三・五・一五）

イエス様の出家

イエス様は母マリヤからも、ザカリヤやエリサベツからも反対され、最後に洗礼ヨハネからも反対されて、肉親の保護を受けながら使命を成し遂げることを断念せざるを得ませんでした。これが歴史的な秘密です。数多くのキリスト教徒が殉教の血を流す、このような無念で悲惨な歴史が誰のゆえにそうなったのか、誰一人として知る者がいませんでした。これを解いてこそ解放になるのです。地で結ばれたので、地で解いてあげなければならないのです。

新しく霊的基盤を求め、再び復帰摂理をしようと出発したのがイエス様の出家でした。出家したイエス様は、行く所がありませんでした。「きつねには穴があり、空の鳥には巣がある。しかし、人の子にはまくらする所がない」（マタイ八・20）と嘆きました。一族の基盤を失ったイエス様は、それに代わり得る基盤を探し求めて乗り出したのです。それがイエス様の三年路程でした。唖然《あぜん》とします！　家庭と一族を捨て、どこに行ってこれを探すのでしょうか。ですから、十字架で亡くなるしか道がないのです。

家庭と民族の不信に遭い、弟子たちは信仰が揺らいでサタンに侵犯されることによって、イエス様の基台は崩れ、十字架の道を行かざるを得ませんでした。本来イエス様は、メシヤとして地上に来て、弟子たちと万民を祝福し、罪のない天国を築かなければなりませんでした。ところが不信を買い、新婦を迎えられなかったことによって真《まこと》の父母になれず、その使命を成し遂げられなかったのです。（二八三—一四八、一九九七・四・一二）

二、結婚を中心としたイエス様の恨《ハン》

新婦を探し出すべきだったイエス様

神様のみ旨とは何でしょうか。今まで四千年のユダヤ教の歴史を経ながら、神様は苦労して何を探し求めて、何を復帰したのかというと、堕落する前の血統が汚されていない息子、アダムです。アダム一人、一人の息子を探し出したのです。それゆえコリント人への第一の手紙では、イエス様のことを「後《のち》のアダム」としています。

神様の救いの歴史は、再び取り戻していく復帰歴史なので、このように四千年の歴史を神様が苦労して、人の世に理解されないその道をたどって、初めてひとり子イエス・キリストが現れたのです。このような事実は、堕落せずに神様の愛を受けられるアダムの立場を復帰したということを意味するのです。

神様は天理の原則に従って、運行されるということを知らなければなりません。アダムを捜し出して新郎になったので、何を捜さなければならないでしょうか。サタン世界からエバ、新婦を捜してこなければならないのです。アダムが誤り夫の役割ができなかったことによって、エバに命令できる立場を、責任を履行できずに奪われたので、サタン世界から捜してこなければならないのです。これを捜してくるためには戦わなければならないのです。

それを準備するために、国の基盤から、教会の基盤から、氏族の基盤から、家庭的基盤を神様が準備しなければならないのです。そうしてヨセフの家庭とザカリヤの家庭を準備したのです。(一一四―一二五、一九八一・五・一四)

イエス様の新婦を準備すべきだったマリヤ

創造の原則を見れば、アダムをまず造り、そのアダムを中心としてエバを造られました。ゆえにマリヤは息子を協助して、息子の新婦を探さなければならなかったのです。マリヤはそうしなければならないのです。イエス様はもちろん、マリヤも協助して新婦を探さなければならないのです。

そのようなことを見ると、マリヤは責任を果たせなかったということが分かります。ある日マリヤが、ガリラヤのカナの祝宴の場で、イエス様にぶどう酒がなくなったと言うと、イエス様は「婦人よ、あなたは、わたしと、なんの係わりがありますか」と言われました。その言葉は、他人の結婚に何の関係があるのかということなのです。つまりイエス様が結婚する時になったのに、なぜマリヤは知らずにいるのかというのです。結局、マリヤは責任を果たせなかったのです。

イエス様が結婚をしていれば、イエス様の息子と娘は、神様の孫と孫娘になるのです。神様の尊属（血族）になるのです。ある人は、イエス様を神聖なる神様だと言いますが、それこそ精神障害者です。邪教の中の邪教です。イエス様が私たちのような世の人として来られて結婚するというのに、何だというのでしょうか。それに対して、「おお、我々の神聖なる神様が結婚するとは」と言って失望するというのです。なぜ結婚すると神聖ではないのでしょうか。男性も女性も、最も神聖なことは結婚することです。

もしイエス様が結婚して、息子、娘を生んでいたら法王には誰がなるでしょうか。ペテロのような人がならなければならないでしょうか。イエス様の直系の息子、娘が、ローマ法王にならなければならないのです。そうなっていれば、自然と世界の王になっていたはずです。

このように地上に基盤を築こうとしたイエス様が亡くなったので、イスラエル圏を失ったキリスト教は、霊的イスラエル圏のみを築くようになったのです。それゆえ神様には、基盤を備え得る土地がありません。教会が、イエス様の占有できる王国ですか？　ですから追われてきたのです。

神様は、アダムを通してエバを造られました。救いの摂理歴史は再創造歴史なので、原理どおりにしなければなりません。それゆえマリヤは、イエス様の新婦を迎えるために準備しなければなりませんでした。ところがその責任を果たすことができなかったので、イエス様はやむを得ず家を出たのです。家を出て、乞食《こじき》の群れのような人々を集めたのが十二弟子です。一族でイエス様の新婦を探し出してあげていたならば、その一族の人々が十二弟子になるようになっていました。イエス様は何もせずに、「あれはあなたがして、これはあなたがしなさい」と任せればいいのです。ばかばかしく、あちこち歩き回りながら、あんなに苦労して弟子を求めることはしないのです。当時のユダヤ人たちは、祭司長ザカリヤ家門の洗礼ヨハネの言葉なら、みな従うようになっていました。それゆえ一度にすべてを引っ張ってくることができたのです。

そうなっていたらイエス様は、ユダヤ教徒と律法学者、祭司長たちと一つになって、彼らにサタン側国家であるローマ帝国に対して反旗を翻すように言ったでしょう。世界的なアベル国家である小イスラエルを中心として、世界的な大サタン国家であるローマを屈服させよと言うのです。

当時のローマは四通八達した世界文化の中心地だったので、ローマさえ屈服させれば、キリスト教とイスラエルを中心として、その時、既にみ旨は成就されていたのです。亡くなったイエス様が四百年でローマを征服しましたが、もしイエス様が生きていらっしゃれば、四十年でローマを征服できなかったでしょうか。おそらくイエス様は、八十歳になる前にローマを完全に料理していたことでしょう。(三六―二五六、一九七〇・一二・六)

結婚をめぐるイエス様の事情

イエス様が結婚するとしたら、誰と結婚しなければならないのでしょうか。腹違いの妹としなければならないのです。当時あの環境で、処女が妊娠すれば石で打ち殺し、家庭的に淫《みだ》らなことが起きれば一族が滅びるその当時において、これを行い得る環境的与件になっていたでしょうか、なっていなかったでしょうか。ザカリヤの家庭だけ見た場合、妹が姉の夫を奪って妊娠してしまい、(親戚《しんせき》の)兄という者が腹違いの妹を強奪してしまったということになるのです。それが明らかになる場合には、一家が滅びるのです。

ザカリヤあるいはエリサベツ、洗礼ヨハネも、イエス様がどのような人なのかを知っていて、またマリヤもそのような環境にいたのですが、そのようなこと(イエス様が腹違いの妹と結婚)をするならば、目がまん丸になり、唇がこのように折り重なるようになったでしょうか、ならなかったでしょうか。あのように妾《めかけ》から生まれた息子が自分の妹を奪うとなれば、「こいつは淫乱《いんらん》の子だ」と思うのです。

ですから洗礼ヨハネもイエス様を拒否したのです。エリサベツも否定し、ザカリヤも否定し、マリヤも「仕方がない」と思ったのです。十六歳のときに堕落したので、イエス様は「結婚します」と十七歳のときに一度話し、二十七歳のときに話し、三十歳のときに決着をつけるために話したにもかかわらず、聞き入れなかったので家を出ざるを得なかったのです。

なぜ十三数が悪い数になったか知っていますか。イエス様が相対的理想を成し遂げることも、定着することもできなかった怨恨《えんこん》の数なので、十三数は悪いということになったのです。結婚するのは十三歳が最も良いのですが、これを失うことによって、個人を失い、家庭を失い、国、世界、すべてを失ってしまいました。どれほど邪悪で悪い数でしょうか。最も願った数なのに、です。これを三度話したのに、言うことを聞かなかったのです。

ですから十七歳のときに、マリヤを通してザカリヤに話したでしょうか、話さなかったでしょうか。エリサベツに話したでしょうか、話さなかったでしょうか。洗礼ヨハネは知っていたでしょうか、知らなかったでしょうか。「こいつ、私の妹を奪って行こうとするのか。私も結婚していないのに、どうしてだ。一族を滅ぼそうとして……」と思ったはずです。イエス様は洗礼ヨハネの腹違いの弟ですが、「こいつ、私も結婚していないのに、何だ、私の妹にまたこうするのか。この淫乱の代表！」と思うのです。一族を滅ぼす代表だと言うのです。イエス様は結婚できますか、できませんか。父が見ても「こいつ！」、エリサベツが見ても「こいつ！」、そして洗礼ヨハネも「こいつ！」、マリヤも「こいつ！」と思ったのです。そうして二十七歳の時に至っても、「そんなことをするのか、こいつ」と思ったのです。それが駄目なので、三年後にその談判をつけたのですが、「こいつ、これは何だ」と追い出すしかなかったのです。父もそのようなイエス様のことを見たくはなかったし、母も兄弟も同じでした。それならばイエス様は、どこに行くのでしょうか。追い出されることになるのです。

ですからイエス様は家を出て、「きつねには穴があり、空の鳥には巣がある。しかし、人の子にはまくらする所がない」と言ったのです。これはいったい何ですか。歓迎されるべき家庭と両親から追い出され、兄弟から追い出されました。家庭から追い出されたイエス様は、そのような環境を再びつくるために、弟子たちを中心として努力をしたのですが、いくら夢見ても不可能なことなのです。

弟子たち同士がけんかし、怨讐《おんしゅう》になって嫉《ねた》み合うのを見ると、同じなのです。それで希望がないので、霊的救いだけでも得るために十字架で亡くなって、霊界の母を地上に送り、イエス様と霊的な真《まこと》の父母となって霊的重生の摂理を始めたのです。キリスト教は国がなく、地によりどころがないので、国で血を流して死ぬようになったのです。（二七七―一九五、一九九六・四・一九）

イエス様を中心として見た女性の責任

イエス様が死んだのは、女性が誤ったからです。実際、マリヤがイエス様の新婦を探してあげる責任を果たせなかったのです。マリヤだけでも責任を果たしていれば、ヨセフが死のうが生きようがほうっておいて、イエス様に腹中にいる時から約三年だけでもよく侍っていたならば、問題は変わったことでしょう。ですから女性たちが、第一に母の責任を果たせず、第二に新婦の責任を果たせず、第三に僕《しもべ》の責任を果たせなかったのです。このような三つの責任を果たすことができなかったのです。

イエス様がサマリヤの女を引き止めて、話した理由とは何でしょうか。サマリヤの女を僕にしようとしたのです。母を失い、新婦を探せず、僕であるサマリヤの女の所に行って水をくれと言ったのです。その女性はサマリヤ人、僕でしょう？　ところが、この僕も責任を果たせませんでした。このサマリヤの女は、僕の中でもぼろ布のような女の僕なのです。五人の夫に仕えた女性でした。家庭の暮らしは貧しく、汚れた女性だったのです。

そのような女性でも、イエス様のみ言《ことば》を聞き「この道だけが私の生きる道だ」と言いながら荷物をまとめてイエス様に従ったとすれば、どうなったでしょうか。マグダラのマリヤよりも立派になったのではないでしょうか。そのようにしていたならば、そのサマリヤの女は、マグダラのマリヤ以上の立場に立つようになったことでしょう。

そのような観点から見ると、イエス様が亡くなることになったのは、女性のせいなのです。その女性とは、母、娘、僕の三段階の女性です。堕落したアダムを中心として見れば、アダムの妻は僕です。エバが堕落して僕になったのです。そのような僕の体を借りて、イエス様が生まれたのです。

イエス様がこの地に来ることによって、養子時代に入りました。養子圏は直系圏に近いでしょう？　僕は直系の息子であるイエス様と関係を結んでこそ、養子圏内に入ることができるのです。それゆえ、キリスト教を信じる人々は養子なのです。

旧約時代は僕の時代です。イエス様が生まれる前時代である旧約時代は、神様の娘がいませんでした。ですからやむを得ず僕の体を借り、主人（神様）の種を受け取って生まれるのです。マリヤはそのような僕の立場でした。主人の土地がないので僕の畑に行き、主人の種を受け取ってきたのです。僕の畑で受けた種だとしても、種さえ正しければいいのです。神様の種を僕の畑に植えて受けてくるのですが、その畑がマリヤのものなのです。このようなマリヤをカトリックでは聖母とし、あがめて大騒ぎでしょう？

このように僕の体を経て生まれたイエス様を、息子の立場に立てたのです。こうして息子の位置に立ったイエス様を中心として因縁を結んだ使徒たちは、僕《しもべ》の立場から養子の立場に上がるようになるのです。イエス様を中心として、一段階高い所に上がるのです。イエス様と一体になれば、僕の立場から一段階高い養子の立場にそのまま上がるのです。

僕の立場から一段階上がったので、娘が現れなければなりません。僕の体を借りて、神様の息子であるイエス様が生まれたので、次は神様に必要な娘が現れなければならないのです。その娘をイエス様がつくらなければなりません。イエス様が堕落していないアダムになったので、イエス様の妻になり得る堕落していないエバがいなくてはならないでしょう？　後《のち》のアダム、すなわち復帰された本然のアダムであるイエス様が現れたので、復帰されたエバが現れなければならないのです。

ではエバは、どのように現れなければならないのでしょうか。創造の原則によって、エバはアダムを通してつくられなければなりません。イエス様はマリヤを通して生まれましたが、エバが生まれるに当たっては、そのような原則はありません。エバが僕の立場で蕩減《とうげん》復帰しようとするならば、イエス様がアダムを復帰完成したのちに、イエス様によってつくられなければならないのです。そもそもエバはアダムによってつくられたので、復帰されたエバもアダムの代わりであるイエス様を中心としてつくられなければなりません。

それならばイエス様を中心として、復帰されたエバをつくる際には誰の協助を受けなければならないのでしょうか。天使長の協助を受けなければならないのです。ところが男性の天使長の協助を受けてはいけません。なぜでしょうか。男性の天使長によってエバを失ったので、復帰路程においては男性の天使長の協助を受けてはいけないのです。女性の天使長の協助を受けなければなりません。そうしてこそ、エバが創造されるのです。ここで、堕落したエバを誰が復帰すべきかというと、アダムが責任を取って復帰しなければなりません。つまりイエス様御自身がしなければならないのです。

女性の天使長の協助を受けて、イエス様の相対的存在であるエバを創造しなければならないのです。そのためにはマリヤが、イエス様のみ旨を中心としてイエス様と一つにならなければなりません。そうなれば、男性の天使長の立場に立ったヨセフが協助するようになるのです。そうしてこそ、堕落することによって僕の立場に落ちたアダムとエバが、息子、娘の立場に復帰されるのです。

アダムとエバが天使長と一つになることによって堕落したので、天使長が復帰された立場に立ってこそ、イエス様もイエス様の妻も復帰されるのです。その復帰された立場に立つべき天使長夫婦が、ヨセフとマリヤです。彼らは、イエス様が完成できるように協助してあげなければなりませんでした。

イエス様が成人になるまで、喜びの中で完成できるように協助してあげ、彼の新婦を選ぶことにすべての最善を尽くして協助してあげなければなりませんでした。彼らは天使長夫婦の立場で、イエス様とその相手を本然の息子と娘のように完成させてあげるべきではなかったのでしょうか。

マリヤを中心に天使長格であるヨセフは、絶対服従しなければならないのです。そうしてこそ復帰されるのです。エバの前に天使長が屈服していれば、アダムとエバは堕落しなかったでしょう。マリヤにヨセフが不平を言って服従しなかったのは、マリヤの責任です。イエス様を完成させるに当たっては、マリヤが主体にならなければならないのです。そうして天使長とアダムが失敗したことを復帰してあげなければなりません。エバが天使長とアダム、二人の男性を堕落させたでしょう？　ですからエバの立場であるマリヤが、天使長とアダムを復帰しなければならないのです。（三八―六七、一九七一・一・一）

結婚できなかったイエス様

マリヤはどうすべきでしょうか。僕《しもべ》たるマリヤは、堕落したエバの立場で自分の継代を通して堕落しないエバをつくるために、あらゆる精誠を尽くさなければならなかったのです。

それはどういうことかというと、イエス様の結婚に対して関心をもたなければならないということです。イエス様が死ぬことになったのは、結婚できなかったからです。結婚をしていたならば、なぜ死ぬのですか。

マリヤは全身全霊を尽くして、女性を創造しなければなりませんでした。マリヤは女性です。マリヤは僕としての女性の中で代表的な立場なので、僕圏内にある女性たちをみな動員しなければなりませんでした。三人以上動員しなければなりませんでした。三位基台を立てなければならないのです。そのように動員して、お互いに協助しなければならないのです。

イエス様の親戚《しんせき》の中に娘がいるかを調べ、そのような娘がいれば彼女たちを集めて基台をつくらなければならなかったのですが、それができなかったのです。イエス様の親戚の中に誰がいたでしょうか。洗礼ヨハネの妹がいたらどれほどよかったでしょうか。洗礼ヨハネの母は、マリヤがイエス様を身ごもったのち面倒を見てくれました。イエス様が腹中にいるときから歓迎しました。したがって洗礼ヨハネの妹や遠い親戚に娘がいたら、洗礼ヨハネの母とマリヤ、そして姉がいるならその姉と三人が一つになって、イエス様よりも年が若いその親戚の娘と因縁を結ばせなければならなかったのです。イエス様と共に、一人の女性を再創造しなければならなかったのです。

もし洗礼ヨハネの妹がいれば、その妹が幼いころからイエス様が東に行けば東について行き、西に行けば西についていきたくて、ついていけなければ「私はたまらない」と言うぐらいに、片想いするようにさせなければなりませんでした。イエス様が結婚をする前に、そのようにしておかなければならなかったのです。

そのようにするには、誰でもいいというわけではありません。そのような女性は、今まで信じられなかった歴史的なすべての内容を解き得る、特別な氏族の中に現れなければなりませんでした。その特別な氏族とは、どのような氏族でしょうか。洗礼ヨハネの家庭とヨセフの家庭です。ヨセフの家庭にはヨセフのいとこもいたことでしょう。

イスラエルの国の中ではユダヤ教が中心であり、ユダヤ教の中ではヨセフの家庭が中心であり、ヨセフの家庭の中では洗礼ヨハネの家庭が中心であることを、神様は御存じだったのです。それゆえ、その家庭は最も重要な血族でした。

先祖の中の種がいいのです。神様は見込みがあり、家柄から見て名門である一族を通して、イエス様が生まれるようにされました。また洗礼ヨハネの家庭を見るときも、洗礼ヨハネをエリサベツが懐妊するとき、祭司長の責任をもつザカリヤの口がきけなくなるという事件が起きたのを見ると、族譜、つまり家門が相当に良い家柄であることが分かります。しかしそのような相当に良いいとこ圏内で、イエス様の相手を見つけていたら神様は嫌われるでしょうか、喜ばれるでしょうか。

イエス様の相手は、他の所から取ることができません。自分の直系のいとこの妹（年下の女性）でなければ、母方のいとこしかありません。血統が違ってはいけないのです。母方のいとこは同じ所属なので可能なのです。このように、いとこの妹を通して物事がうまく行っていたら、どうなっていたでしょうか。イエス様にほれて、イエス様でなければ刃物を突き立てて死んでしまうとか、イエス様でなければ結婚しないというそのような妹がいたとすれば、どうなっていたでしょうか。イエス様が死ぬときに、自分も一緒に死ぬのだと言って追いかけてくる女性がいたとすれば、どうなっていたでしょうか。

この地上で神様の王子が逝くというのに、男性は天使長の立場なので逃げてしまいましたが、イエス様の相手として残り得るエバの群れ、我が夫が行くべき道を志操でもって守れる一人の女性、片想いでもできる女性がいたらどうなっていたでしょうか。

もしそうなっていたなら、イエス様は死んでも、神様の前に栄光を返すことができるのです。また、「あなたはこの地上で私を愛してくれる一人の人を見つけたではないですか。死ぬ場にまで私のそばで私を愛して死んでいくか弱い女性を哀れに思ってくださいませ」と、恵みを祈ることができるのです。万民に代わって恵みを祈ってあげられるのです。

もしそうなったとすれば、イエス様は死の道、黄泉路《よみじ》でも孤独ではなかったでしょう。地獄に行くにも二人で行き、楽園に行くにも二人で行ったはずでしょう。ですから孤独でしょうか、孤独でないでしょうか。そうなったとすれば、聖霊を何のために送りますか。聖霊を送る必要はないのです。

しかし、二人でいることができない運命だったので、聖霊を送ったのです。父の神であるイエス様は天の国に行き、母の神である聖霊は地に降りるという離別があったのです。そのような女性がいたならば、昇天は必要ないのです。地は息子、娘を直接保護するので、そのようには死なないのです。（三九―一〇〇、一九七一・一・二〇）

子孫を残したかったイエス様

問題になるのは、イエス様が独身だったということです。祭司長になるにも独身で、王になるにも独身でなければならないのでしょうか。そんなことはありません。もしイエス様が結婚していたならば、どうなっていたでしょうか。イエス様を中心として、イエス様の家庭が生じていたでしょう。またアダムとエバが堕落せずに成就すべきだった真なる父母の立場を、イエス様が代わりに成就することができたでしょう。

イエス様も男性ですが、新婦を迎えて息子、娘を生みたかったでしょうか、生みたくなかったでしょうか。この地上で「お父さん」という言葉をイエス様は聞きたかったでしょうか、聞きたくなかったでしょうか。もちろん聞きたかったことでしょう。また「おじいさん」という言葉も聞きたかったでしょう。

こうしてイエス様が祭司長になり、イスラエルの王になっていれば、神様が直接支配し得る皇族が生じていたでしょう。そのようになったら、今日のこの世界にイエス様の直系の子孫が残っていたはずです。

では神様は、イスラエル民族よりもイエス様の直系の子孫のほうを愛するでしょうか、愛さないでしょうか。どちらを愛するでしょうか。そうなったらイエス様を中心として、キリスト教徒は一つの王権国家、善の主権国家を成し、世界へと広がっていったはずです。これは常識的に考えても分かることです。皆さんも、男性としてイエス様のような立場に立てば、そのように考えないでしょうか。また、そのようなことを願わないでしょうか。

そのような立場に立ったイエス様がみ旨を成就できず、十字架に行かなければならない急変の事態が起きることによって、イエス様は「アバ、父よ、もしできることでしたらどうか、この杯をわたしから過ぎ去らせてください。しかし、わたしの思いのままにではなく、みこころのままになさって下さい」という深刻な祈りを捧げざるを得なかったという事実を、私たちは知らなければなりません。死ぬのが嫌で、そのような祈祷をしたのではありません。

救い主が十字架にかかって亡くなることになれば、救い主を信じる人たちも血を流す道を行かなければならないのです。自分が死ぬことによって、後代の数多くの人たちが虐殺され、世界を流浪しながら悲惨な死に遭う事態になることを思うとき、懇切に三度も天の前に訴えざるを得なかったのです。そのようなイエス様の事情を誰も知りませんでした。

では、イエス様が来て何をすべきだったのでしょうか。サタン主権の国家以上の主権国家を築くと同時に、私たち人類の原罪を取り除かなければなりませんでした。原罪を取り除かなければならなかったのです。イエス様から接ぎ木され、原罪を取り除いた立場で、イエス様と一つになった人の子女は、イエス様を信じなくても天国に行けます。堕落がなかったら、私たちには救い主が必要ありません。宗教とか祈祷とかいうものは、すべて必要ないのです。堕落したから、救い主が必要なのです。(五三―三二一、一九七二・二・六)

三、イエス様と洗礼ヨハネ

洗礼ヨハネの使命

今日キリスト教信者は、イエス様が天使長のラッパの音とともに雲に乗って再び来られると言うのですが、そのようなことはありません。その前に、この地上に天使長の使命を完結し得る天の忠臣が現れなければなりません。そうして「私が来たのは、私の志のためではなく、神様の息子のみ旨のためだ」と、宣布する者が現れなければならないのです。

そのようなことが、イエス様の当時にも起きました。その使命の代表的な中心存在が、洗礼ヨハネでした。ですから彼は「悔い改めよ、天国は近づいた！　私が来たのは、私のためではなく、彼を証《あかし》するためである」と言いました。

その洗礼ヨハネは僕《しもべ》として来て、イスラエルの国全体を代表して堕落した直後のアダムの立場を復帰しなければなりませんでした。堕落直後のアダムの立場、堕落していないアダムの立場に連結できる、その立場を復帰しなければならなかったのです。堕落したこの世で、堕落していないアダムの立場を復帰して、この世のすべての権限を彼に相続させることを約束すべき代表者が、洗礼ヨハネだったのです。

「悔い改めよ、天国は近づいた」という言葉は、洗礼ヨハネ個人の言葉ではありませんでした。それは全イスラエルの歴史を代表し、イスラエル民族を代表した言葉であり、四千年の歴史を代表し、この地球上に生きている全人類を代表する言葉だったのです。また、洗礼ヨハネがイエス様に洗礼を与えたその場は、歴史的なすべての責任を相続させる場でした。そのあとにイエス様は出発することになるのです。

それはどういうことでしょうか。この地にまだ天の忠臣が現れなかったということです。忠臣が現れるには、この地上に真《まこと》の神様の息子が現れなければなりません。天使長はその神様の息子に仕えて、天の前に忠臣の道理を果たさなければならないのです。神様の息子を愛することによって、忠臣の基準が決定されるのです。それゆえ歴史的なこの終末時代に、必ず神様が愛し得る息子が現れなければなりません。そうなってこそ忠臣が決定されるのです。

神様が洗礼ヨハネを召して立てられたのは、それまで四千年の間、神様と対決してきたサタンの頭、天使長、神様を裏切ったその天使長ではなく、神様のために忠誠を誓って乗り出した天使長の立場の代わりをさせるためでした。イエス様に忠誠を果たし、イエス様のために生きようということでした。イエス様の困難を自分の困難と思い、それを克服するために、あらん限りの力を尽くせということでした。

ところが洗礼ヨハネは、そのような責任を果たすことができませんでした。ですから歴史的な悲しみは、より一層深まらざるを得なかったのです。洗礼ヨハネの弟子たちは、イエス様の弟子にならなければならず、洗礼ヨハネはイエス様の三弟子に入らなければならなかったのです。洗礼ヨハネを歓迎した数多くの群れは、イエス様を歓迎する群れにならなければならなかったのです。

そうして洗礼ヨハネは、新郎、新婦の本然の名をもった神様の息子、娘に忠誠を尽くす天使世界の代表的実体として現れた者であり、天使世界を導き、実体のサタン世界に対して防備しなければなりませんでした。神様が訪ねてこれる天使長の実体目的を完結した洗礼ヨハネとならなければならないのに、彼がその使命を完結できなかったので、イエス様はその使命までも責任を負わなければならなかったのです。

それゆえ、僕《しもべ》たる道理ができたのです。「私が来たのも、仕えられるためではなく、仕えるためである」と言われたでしょう? 神様の息子がそのように語る話がどこにありますか。新郎として、あり得ないことでした。それゆえ、栄光の中で出発すべきだったイエス様は、悲しく恨めしい僕《しもべ》のくびきをかけて出発しなければならなかったのです。そのような歴史的な過程が残っているがゆえに、その峠を越えるために生まれたのがキリスト教の二千年の歴史なのです。

それとともに神様は、民族的摂理を世界的摂理に引っ張ってこられたのです。歴史を導いていくには、歴史の内部をすべて清算しなければなりません。清算するには、個人的、家庭的、国家的、世界的にすべて清算しなければなりません。本来は万民が従って発展させていかなければならないのが天の摂理であるにもかかわらず、人間がその責任を果たせず、歴史はだんだんと発展してきたのです。神様は、そのような外的な歴史に歩調を合わせながら、内的には歴史の目的と時を成し遂げるために準備してこられたのです。（一五―二四五、一九六五・一〇・一七）

エリヤの代わりとして来た洗礼ヨハネ

ヤコブの家庭で、十二人の兄弟が一つになりませんでした。またレアとラケルが闘いました。レアが欲張ったために自分の召使にも四人の子供を生ませ、それを合わせた十人兄弟が北朝イスラエルになり、ラケルの子ヨセフとベニヤミンの部族を中心として南朝ユダになりました。家庭的に一つにならなかったので、民族的に分かれていくのです。

それでイエス様の時代に至って、エリヤを送り、これを一つにしなくてはいけないのです。本来はエリヤを中心として、氏族時代の時に一つにしようとしました。それで八百五十人のバアル神とアシラ神をあがめる預言者を焼き殺し、生きた神様を中心としてすべてを糾合しようとしたのですが、自分たちの預言者と神々が殺されたので、エリヤを捕まえて殺そうとしたのです。ですからエリヤが逃げて、「私を連れていってください」と願うと、神様が「バアルにひざをかがめなかった七千人を、わたしのために残しておいた」（ローマ一一・4）とおっしゃったのです。

神様の立場からすれば、カインとアベルが一つにならなければなりません。長子権復帰ができなければ、大変なことになるのです。これが氏族的に成し遂げられなかったので、イエス様の時代、国家時代において、エリヤの代わりの者として召したのが洗礼ヨハネです。

イエス様の時代において、洗礼ヨハネが失敗したのです。エリヤが洗礼ヨハネとして来たということを誰も考えられなかったのです。エリヤは九百年前に火の戦車に乗って霊界に上っていったので、火の戦車に乗って来ると思ったのですが、火の戦車も来なかったのです。

その時代において旧約聖書を信じるユダヤの民はマラキ書によって、エリヤが火の戦車に乗って来て、メシヤが来る前にすべてを準備して、行くべき道、捷径《しょうけい》（近道）をならして、すべてを教えてくれるものと思っていました。ところがエリヤも天から降りてきていないのに、イエス様が「洗礼ヨハネがエリヤである」と語ったのです。

旧約聖書には、エリヤが来るなら火の戦車に乗って来るとあるのに、火の戦車に乗って降りてこなかったではないかというのです。それを信じるわけがありません。それで洗礼ヨハネのところに行って尋ねると、「自分はエリヤではない」と話したのです。しかし、洗礼ヨハネはヨルダン川で洗礼を与えるとき、イエス様のことを「神の小羊」と言い、聖霊が鳩《はと》のように臨んだので、間違いなくメシヤであることを知って証《あかし》したのですが、よく考えるとイエス様はそのような人ではないと思えたのです。イエス様の族譜（家系）を洗礼ヨハネはすべて知っていたのです。彼の父は誰かということを知っていたのです。「そんな人がメシヤにはなれない」と否定せざるを得なかったのです。

洗礼ヨハネは、妾をもったヘロデを非難して首を切られて死にました。彼はそのように死ぬべき人ではありません。イエス様と一つになっていれば、どうして彼が死ぬでしょうか。それは蕩減《とうげん》法によって、そうならざるを得なかったのです。（二五二―一三二、一九九三・一一・一四）

イエス様と洗礼ヨハネを中心とした摂理

イエス様は、血筋を清めて生まれた神様の最初の息子なので、ひとり子といいます。神様から見ると、神側で血筋を清めた一番目の息子として生まれたので、ひとり子というのです。四千年を通して、このようなことをしたのです。マリヤがすべきことは、アベルの立場であるイエス様とカインの立場である洗礼ヨハネとを一つにすることでした。

カインとアベル、エサウとヤコブはみな争いましたが、イエス様と洗礼ヨハネは一つにならなければなりません。洗礼ヨハネはカインの立場の兄であり、イエス様はアベルの立場の弟です。イエス様と洗礼ヨハネが一つにならなければならなかったのに、分かれてしまったのです。これを一つにする責任をマリヤが果たしていたら、イエス様は苦労する必要がありませんでした。

エデンの園でカインとアベルが分かれたように、歴史時代にイエス様を中心として右翼と左翼とに分かれたのです。カインとアベルに分かれたのです。また、宗教もカイン宗教であるイスラーム（イスラム教）とアベル宗教であるキリスト教とに分かれました。洗礼ヨハネの母とイエス様の母は、レアとラケルと同じように姉妹の間柄です。レアとラケルが一つになってカインとアベルを一つにすべきなのに、レアとラケルは二人で争いました。そうしてイスラエル十部族とユダ二部族とに分かれ、歴史的に怨讐《おんしゅう》同士になったのです。

洗礼ヨハネの母とマリヤは親族なので、イエス様を早く結婚させていたら、一つになることができました。洗礼ヨハネの妹とイエス様が結婚していたら、分かれずに一つになることができたのです。天の側の女性がいないので、カイン側の女性を奪ってこなければならないのです。天の側には女性がいません。イエス様がアダムの代表者として生まれましたが、女性がいませんでした。ですから、カイン側、サタン側が奪っていったものを取り戻さなければなりません。取り戻す場合には、どこが最も近いでしょうか。洗礼ヨハネの妹をイエス様の相手として結婚させれば、それが最も近いのです。そうなっていれば、洗礼ヨハネもイエス様と自然に一つになるのです。そのように結婚が成されていたならば、その時、イエス様を通して清い血筋がつながり、イエス様の子孫がキリスト教をすべて統一し、教派もなく世界が統一されて久しいのです。

母たちがしなければ、イエス様が洗礼ヨハネと一つになって、母を選ばなければならないのです。カイン・アベルを復帰して母を復帰するように、イエス様と洗礼ヨハネが一つになっていたら、母を探し立て得る道が開かれるので、そこで一つになることができたのです。アベルの立場にあるイエス様と、カインの立場にある洗礼ヨハネが一つになったとしても、母を探し立てることができ、反対に母たちが闘わずに一つになっても、単一民族が始まっていたのです。統一し得たのです。母たちが一つとなって息子たちに協助したとしても、母を立てることができたし、息子たちが一つになったとしても、母を探し立てることができたのです。しかし、それができなかったことが、イスラエルの悲運だったのです。

家庭がこのようになっているように、国家的な次元で見るとイスラエルの国がカインで、ユダヤ教がアベルでした。これが一つにならなければならないのです。イスラエルがカイン、ユダヤ教がアベルとして国家的次元で一つになっていたならば、そこで母を迎えるのです。カイン・アベルが一つになって、母を探し求めるのです。（二四三―一九九、一九九三・一・二〇）

エバを復帰すべきだった洗礼ヨハネ

それでは、その国家と教会を代表し、平面的な立場において歴史を代表した実体的天使長は誰でしょうか。洗礼ヨハネです。洗礼ヨハネと新婦とアダムの代わりとなるイエス様が一つになっていたら、イエス様の前にエバが帰り、エバの前に天使長の代わりとなる洗礼ヨハネが帰ったことでしょう。

エデンの園で堕落するときに、天使長を中心としてエバを引っ張っていき、エバを中心としてアダムを引っ張っていったのとは逆に、天使長の代わりの実体である洗礼ヨハネを中心として、ヨハネとヨセフがマリヤの斡旋《あっせん》によって一人の新婦をイエス様の前に取り戻してあげていれば、その新婦を中心としたユダヤ教もイエス様の前に返ったはずです。そしてユダヤ教を中心としたイスラエルの国も、イエス様の統治圏内に立ち得る国になっていたはずです。

そのようになっていたら、どうなっていたでしょうか。イエス様と新婦が一つになり得る因縁を結んだならば、エデンの園で天使長とエバとアダムが失敗したことをこの地上で、すなわち平面的な立場で蕩減《とうげん》復帰して、初めて新しい家庭の出現にまみえることができたでしょう。

摂理歴史の中心とは誰かというと、個人の中心はイエス様です。そのイエス様ゆえに、その時まで宗教を立ててきたのです。その宗教は、イエス様の前に吸収されるためのものです。吸収されるにも、ただそのまま吸収されるわけではありません。原理的な蕩減内容に従って吸収されなければなりません。吸収されるためには、天使長がエバを誘引するに当たって動機になったので、必ずそれを逆にしてエバを探し求めなければなりません。

エバを探すに当たって動機になるべき人が、イエス様になってはいけません。天使長の立場に立ったヨセフや洗礼ヨハネが、動機にならなければならないのです。家庭的天使長の立場がヨセフであり、教会的天使長の立場が洗礼ヨハネであり、国家的天使長の立場がその時の総督にならなければなりません。

このような三大天使長圏が、家庭と教会と共に国家が一致してイエス様の前に一致したならば、そこから天の摂理として探し求めてきた中心個人が決定され、中心個人として定着して立ち得る位置が決定されることによって初めて、家庭が決定されるのです。それゆえ、個人であるイエス様について見ると、彼はイスラエルの国の中心的な存在であり、ユダヤ教の中心的な存在なのです。そして家庭を中心として見ても、イエス様と新婦が一つになるその家庭は、すべての家庭の中心になるのです。

すべての個人の中心が決定されたので、すべての家庭の中心が決定されるのです。その中心家庭と中心個人は、サタン世界よりも上に立った家庭であり、個人です。ここから初めて、天国が形成されるのです。そこから一つの国家が形成されるのです。そうなったとすれば、この国家は天が探し出そうとしている摂理的中心国家として残っていたはずなのに、すべてが反対することによって、イエス様が立ち得る家庭がなくなり、イエス様が立ち得る教会がなくなり、イエス様が立ち得る国がなくなってしまいました。

イエス様のために立てられたイスラエルの国であり、イエス様のためにつくられたユダヤ教であり、イエス様のために立てられたヨセフの家庭、ザカリヤの家庭だったにもかかわらず、その国が反対し、その教会が反対し、その家庭が反対したのです。

言い換えれば、エデンの園で天使長を中心として堕落したことを、アダムとエバの前に、家庭的天使長と、教会的天使長と、国家的天使長を一度に屈服させようとしたその基台が、イスラエルの国とユダヤ教とヨセフの家庭がイエス様と一つになれない立場に立つことによって、完全に崩れてしまいました。

そのような立場に追い込まれ、イエス様はやむを得ず十字架で亡くなることになったのです。

十字架で亡くなるイエス様の運命の立場は、イスラエルの国の終末を告げる立場であり、ユダヤ教の終末を告げる立場であり、祝福して立てたヨセフの家庭とザカリヤの家庭、その家門の終末を告げる立場であって、地上においてこの上なく悲痛な立場であり、場面であったということを我々は知らなければなりません。

それゆえ神様の摂理の中で探し立てたその国は、跡形もなく消えてしまいました。教会も跡形もなく消え、家庭も跡形もなく消えてしまいました。この一つの国と教会と家庭を立てるために、四千年の間サタンと対決し、数多くの戦いを経て、数多くの逆境を重ねて残したものがすべて崩れてしまったので、サタンはその国とその教会とその家庭をことごとくのみ込まざるを得なかったのです。(五〇—一九七、一九七一・一一・七)

使命を完遂できなかった洗礼ヨハネ

ユダヤ教徒たちは、エリヤが雲に乗ってくるものと信じ、知らずにイエス様に反対しましたが、イエス様を証《あかし》した洗礼ヨハネは、イエス様のことを信じたのかどうか調べてみましょう。マタイによる福音書第十一章2節以下を見ると分かります。洗礼ヨハネの弟子たちが出掛けて伝道していたところ、洗礼ヨハネから洗礼を受けたイエス様のもとに人がみな集まっていくのを見ました。それで弟子たちが洗礼ヨハネに、「先生から洗礼を受けたイエスのところに、人がみな行きます」と報告したのです。

それで監獄にいる洗礼ヨハネが弟子を遣わして、イエス様に尋ねたのです。ヨルダン川のほとりでは、「見よ、世の罪を取り除く神の小羊」と言っていたのに、今さら弟子を送ってイエス様を疑ったではないですか。彼はすぐに王の恋愛事件に巻き込まれて、獄中で死んでしまいました。イエス様に人を送って尋ねるその言葉を見ると、洗礼ヨハネはイエス様を信じたでしょうか、信じなかったでしょうか。『きたるべきかた』はあなたなのですか。それとも、ほかにだれかを待つべきでしょうか」という言葉を聞く、イエス様の心情はどのようなものだったでしょうか。

この世の天地にある教会と国と民のすべてが反対し、誰一人として支持する人がいない中で、それでもヨルダン川のほとりで自分のことを証した洗礼ヨハネ一人だけは、自分を支持するものと思っていたのに、洗礼ヨハネさえもこのような状態なのであきれてしまったのです。

マタイによる福音書第十一章6節を見てください。イエス様は、「わたしにつまずかない者は、さいわいである」とおっしゃいました。それは誰を指摘しているのでしょうか。洗礼ヨハネを指摘したのです。そのあと洗礼ヨハネの弟子たちが立ち去って、イエス様が群衆に向かって、洗礼ヨハネについて風刺的に非難したのです。「あなたがたは、何を見に荒野に出てきたのか。

風に揺らぐ葦《あし》であるか。では、何を見に出てきたのか。柔らかい着物をまとった人か。柔らかい着物をまとった人々なら、王の家にいる。では、なんのために出てきたのか」と非難したのです。

それから、マタイによる福音書第十一章11節にある聖句を見てください。イエス様があきれて、再び洗礼ヨハネを攻撃します。「女の産んだ者の中で、バプテスマのヨハネより大きい人物は起らなかった。しかし、天国で最も小さい者も、彼よりは大きい」と非難したのです。それならば、霊界に行った人々は多いのに、なぜそのような反対の現象が起こるのでしょうか。

すべての預言者の使命は、来られるメシヤを証《あかし》することです。過去に現れては去っていった預言者は、メシヤを証するにも、遠い歴史的距離をおいて証をしたのですが、洗礼ヨハネはメシヤを証するに当たっては直接証しました。ですから証するという立場から見れば、最も大きくあらざるを得ないのです。ところがなぜ、天国で最も小さい者なのでしょうか。天国にいるすべての預言者は、この地上で迫害を受けるイエス様がメシヤと知って、信じ、侍っているのです。ですから小さくあらざるを得ないのです。

同第十一章12節を見ると、「バプテスマのヨハネの時から今に至るまで、天国は激しく襲われている。そして激しく襲う者たちがそれを奪い取っている」とあります。ですから、イエス様と洗礼ヨハネの間で天国争奪戦が行われたということなのです。努力しなかったということを証しているのです。もし努力していたら、どうなっていたでしょうか。努力していたならば、一番弟子にはペテロではなく、洗礼ヨハネがなっていたのです。これを知らなければなりません。

もし洗礼ヨハネが一番弟子になっていたら、十二弟子である使徒と洗礼ヨハネの弟子と七十門徒、百二十門徒、洗礼ヨハネに付き従っていたすべての人々も、メシヤたるイエス様と一つになっていたので、イエス様を捕まえて殺すということは起きなかったはずなのです。

そうなっていたら、誰が殺すでしょうか。神様が準備した預言者たる洗礼ヨハネが、ユダヤ教の高い地位の人々とすべての律法学者を合わせて、イエス様と一つになるようにしなければなりませんでした。そのことをするように準備した代表者が、洗礼ヨハネではなかったでしょうか。それは間違いありません。それでは洗礼ヨハネには、そのような資格がなかったのでしょうか。それを調べてみましょう。

同第十一章14節までずっと読んでみると、「すべての預言者と律法とが預言したのは、ヨハネの時までである。そして、もしあなたがたが受けいれることを望めば、この人こそは、きたるべきエリヤなのである」とあります。洗礼ヨハネのことを「旧約聖書の結実」であるとイエス様が言ったのです。旧約聖書の結実である洗礼ヨハネがイエス様と一つになったならば、新約が出発していたのです。万人の主になったとすれば、無知な人々を弟子にはしなかったということを知らなければなりません。やむを得ずそうしたのです。

ヨハネによる福音書第三章30節を見ると、洗礼ヨハネが弟子たちに、イエス様について証《あかし》して、「彼は必ず栄え、わたしは衰える」と言いました。そのように答えた洗礼ヨハネの言葉に対して、今日のキリスト教徒は、洗礼ヨハネは謙虚であり、穏やかな人なのでそう答えたのだと言って、偉大な預言者として敬ってきました。けれども事実は、正反対の内容であったということを私たちは知らなければなりません。

キリスト教徒は、彼を善良で高い方と見るのです。その言葉は何ですか。洗礼ヨハネがメシヤと行動を共にしていたならば、メシヤが栄えれば洗礼ヨハネも栄えるのであり、メシヤが衰えれば、洗礼ヨハネも共に衰えるはずです。それなのに、どうして二股《また》に道が分かれるのでしょうか。それは、洗礼ヨハネがイエス様と行動を共にしなかった、はっきりとした証拠であることを知らなければなりません。(七三―二一四、一九七四・九・一八)

洗礼ヨハネは霊界が役事していたときは、我知らずイエス様を証しました。しかしイエス様が本当に主、または救世主であるということは、夢にも思わなかったのです。洗礼ヨハネは三十年の間、彼の生涯のほとんどを捧げて主のための道を準備してきながら、彼はしばしば人々の想像するように、主は素晴らしく見える人であり、外的にできないことがない人だろうと期待しました。様々な面で、主は実際の自分よりもはるかに優れていなければならず、はるかに崇高でなければならず、はるかに立派な人でなければなりませんでした。彼は、自分の親族が主になり、世界の救世主になるだろうとは夢にも思わなかったのです。

イエス様は様々な面で、ヨハネとは比較にもなりませんでした。洗礼ヨハネは信仰の道を歩み、高い教育を受け、人々に多くの驚くべきことを見せました。大工の助手であるイエス様からは、人々は何も特別なものは発見できなかったのです。

イエス様が洗礼を受けようと洗礼ヨハネの所に来たとき、洗礼ヨハネは霊的に感動してイエス様を証しました。洗礼ヨハネは、聖霊が鳩のようにイエス様の上に降りてくるのを見て、「これはわたしの愛する子、わたしの心にかなう者である」（マタイ三・17）という声を聞いたときは、イエス様を証しました。しかし彼が、元の精神状態に戻ったときは違いました。聖霊が自分から去ってしまうと、それは夢のようでした。

洗礼ヨハネの使命は、イエス様が来る時まででした。そしてイエス様を証したのちには、喜んで自分のすべての弟子を連れて、イエス様に従わなければなりませんでした。イスラエル民族はみな、彼のことを最も偉大な預言者であると信じました。ではイエス様を証したのちに、何が洗礼ヨハネをイエス様に従えないようにさせたのでしょうか。そこには大きな理由がありました。彼は、「イエスは庶子である」といううわさを聞きました。洗礼ヨハネは、イエス様のことを「いとこ」にも考えていなかったのです。彼の母エリサベツが、彼にそのように話したのです。

エリサベツとマリヤ、そして洗礼ヨハネとイエス様との間には、ある感情がありました。洗礼ヨハネは高等教育を受け、尊敬され、偉大な預言者として認められていましたが、イエス様は日常的な問題に対しても無知で、十分に教育も受けていない人として知られていたのです。

（五二―一二〇、一九七一・一二・二五）

私たち人間は、どのような者として生まれたのでしょうか。神様の嫡子として生まれず、サタンの嫡子として生まれました。それが今までの内容です。このような内容を復帰するために、イエス様が来られたのです。このような使命を果たすために生まれたのです。

ユダヤの国は、どうなっていたのでしょうか。神様は、父母はいないけれど、子女の形態を中心とした家庭形態、親戚《しんせき》形態、氏族形態、民族形態、国家形態をすべて築き上げていたのです。これが選民思想です。この選民圏を築き、そこに一つの主権を中心として、そこにメシヤが来て一つの国家主権さえもったならば、天と地が連結するのです。

国家を代表して、この基準を連結させるためには、復帰歴史なのでカイン的な、言い換えれば養子のような国家型であれば、その国家を収拾するためには養子の代表的な人がいなければなりません。それが誰でしょうか。養子代表国家の預言者として現れた人が洗礼ヨハネです。この洗礼ヨハネとは、どのような人でしょうか。アダムが堕落してサタン世界に引っ張られていきましたが、洗礼ヨハネは、再び捜し出されたアダム型の人物です。

その捜し出されたアダム型の人物とイエス様とを見るとき、どちらがサタンの防御陣をつくらなければならないのかというと、堕落はアダムがしたので、捜し出されたアダム型である洗礼ヨハネが完全に防がなければならないのです。これを完全に防いできていたならば、イエス様は堕落しない本然の息子の立場に立ち、長成期完成級を越えた神様の愛を中心として誕生した方なので、サタンの侵犯を受けないのです。

ところが洗礼ヨハネは外的基準において、堕落したアダムを復帰する使命を完結することができなかったのです。サタンを防ぎ民族を率いて、イエス様の前に屈服させ得る主導的な役割をすべきなのに、洗礼ヨハネが責任を果たせず挫折《ざせつ》することによって、長成期完成級まで……。

長成期完成級、ここで堕落したので、イエス様はどこで生まれたかというと、堕落したアダムの基準以上の位置で誕生したのです。堕落する前、長成期完成級に上がったそれ以上の位置で、イエス様が神様と関係を結んだのです。しかしながら、蘇生《そせい》、長成、完成級の圏内まで堕落の侵犯圏にあるので、ここにおいてサタンを完全に防いで神様のみが干渉できる、そのような権限を備えることができなくなるようなときは、この圏は再び、サタンの侵犯を受けることは自動的な結論なのです。

ところでイエス様が神様の愛する息子であるならば、なぜサタンから三大試練を受けなければならないのでしょうか。この完成圏を抜け出していなかったからです。完成圏を抜け出していたとすれば、サタンは神様の息子を試練することはできないのです。長成期完成級圏内から完成圏内に向かって乗り越えなければならないその基準で堕落して、三段階圏内が侵犯を受ける圏内にあるので、洗礼ヨハネが挫折することになれば、サタンはイエス様までも試練できるのです。イエス様までも打ちのめすことができるのです。イエス様までも堕落させることができるのです。

洗礼ヨハネを中心として、それをなぜ復帰しなければならないのでしょうか。それは縦的歴史を横的に展開させようというのです。今までイエス様とアダムは縦的でしょう？　この縦的歴史を横的に連結しようとすれば、昔、堕落したアダムを復帰した型を横的な代表者として立てることによって、縦的歴史を横的に蕩滅《とうげん》できる基盤が成立するのです。

なぜ洗礼ヨハネを選び立てたのでしょうか。縦的な歴史型を横的に蕩滅するためです。横的に広がったこの地球星《ぼし》の上で、洗礼ヨハネが防御することによって、サタンが侵犯し得る圏を解放させることが目的です。それで民族を代表した代表者、国家を代表した代表者の権限をもってイエス様を証《あかし》したのであり、イエス様に従うことができたのですが、洗礼ヨハネが責任を果たせなかったことによって、サタンがイエス様にまで再侵攻できる道を開いてしまったのです。これが、今まで数千年の悲運の歴史を延長させた原因になったのです。(一六〇―一〇一、一九六九・一・三)

第四章　イエス様の苦難と試練

一、ユダヤ民族の不信

イエス様の涙と祈祷

神様は四千年の間、悲しみながらもその悲しみを表せなかったのですが、イエス様は、実体的に涙を流して生きられました。聖書には三、四箇所しか出てきませんが、実際イエス様が涙を流された隠された事実は限りなく多いのです。

神様が数千年の間、摂理歴史を通して愛してこられたユダヤの民を見つめると、いかなる瞬間も涙を流さなかったことがなかったのです。イエス様は、神様に祈るたびに涙を流されました。困難で孤独な出来事にぶつかるたびにイエス様は、父だけが分かってくださる中で悲しまれたのです。けれどもイエス様は、このような悲しみを弟子たちに話せませんでした。そのようなイエス様の事情を知らなければなりません。イエス様が、オリーブ山に登って夜を明かして祈られたのは、一度や二度ではありません。ゲッセマネの園においてだけ祈られたのではありません。

困難な道を歩まれながらも、悲しみの事情を申し上げられるのは天しかなかったのです。だからといって、その悲しみを天に任せようとされたのではありません。むしろ、その悲しみを自分が引き受け、背負わせてくださるように祈ったのです。「父よ！　私を御覧になって悲しまれるその悲しみを私が引き受けますので、父よ！　私を御覧になって慰めを受けてください！　父の悲しみを私が耐えますので、悲しまないでください」と訴えたのです。

そして「四千年の御苦労に私が責任を負いますので、父よ、心配なさらないでください。私がいますので、父の希望が残っていますので心配なさらないでください」という祈祷ばかりをしたのです。（一―三二六、一九五六・一二・一三）

開拓者としての決心

イエス様が三十年の準備期間に開拓者として抱いた決心とは、何だったのでしょうか。それは、「死の峠があっても私は行く。迫害の道があっても私は行く。滅びることがあっても私は行く」という決心でした。

そうしてイエス様は、この準備期間に、自分の生活的な環境を清算し、自分のための生涯の理念を清算し、民族的なすべての因縁を清算し、旧約と法度を重視するユダヤ教団の形式までもみな清算するという、一生の覚悟をしたのです。

天国を開拓し、全世界の人類の心を開拓すべきイエス様は、寝ても覚めてもその生活において、神様の理念の境地に、一日に何度も往来しない日がありませんでした。そのようなイエス様であったことを知らなければなりません。

三十年の準備期間における内的な悲しみを、この地上の万民は知りませんでしたが、ただ神様だけはイエス様の味方になってくださいました。イエス様が木に鉋《かんな》がけをする場でも、手斧《ておの》を持って木を小さく切る場でも、鋸《のこぎり》を持って木を切る場でも、御飯を食べて休む場にいても、彼の心は神様の心情と事情を体恤《たいじゅつ》することを願い、神様の願いだった天国の建設を、一瞬でも忘れたことがなかったという事実を知らなければなりません。

それだけではなく、四千年の歴史を無にすることがあり、選ばれたイスラエルは無にしたとしても、このような価値は無にすることができず、選ばれた教団は無にしたとしても、これは無にすることができず、両親や親戚《しんせき》、いかなるものもすべて無にすることができたとしても、これだけは無にできないと、心の中に、そして骨と肉にしみるように感じたのです。そうして徹頭徹尾、天情を中心として一日を見つめながら準備してきたイエス様の生涯こそ、悲壮な生活の連続であったことを、皆さんは知らなければなりません。

一日、一時を探し求めて準備したイエス様の心情とその姿を、皆さん、もう一度描いてみてください。彼の着ている物はみすぼらしく、彼の姿は悲しく見えたとしても、彼の視線だけは、地のいかなる征服者や開拓者にも負けないものでした。

天の心情と通じる彼の視線であり、宇宙を貫いても余りある途方もない視線をもっていたという事実を、私たちは考えざるを得ません。したがって、そのような心情と視線をもって見つめる彼は、試練を受ける不憫《ふびん》な人の姿になるまいとしてもならざるを得ず、悲しみを抱いた姿になるまいとしてもならざるを得なかったのです。

このような事実を回顧してみると、イエス様は、歴史路程を通して苦労してこられた神様をつかむ心情が強くなれば強くなるほど、不信のイスラエル民族になるのではないかと心配する気持ちが大きくなり、不信の使徒、不信の弟子たちになるのではないかと限りなく心配したという事実が分かります。イエス様は、このような心を抱き、黙々と三十年の準備期間を過ごしました。

天の側に立って燃え上がるイエス様の心情がいくら強くなっても、それは自分の一身のためのものではありませんでした。天の願いに燃え上がり、世界を見つめる視線がいくら深刻であっても、それは自分の一身の欲望のためのものではなかったことを、私たちは知らなければなりません。

ただイスラエル民族のために生きようとしたのであり、全世界のために生きようとしたことを知らなければなりません。それでイエス様は、限りなく悲しい涙を流したのです。そのような準備期間に、イエス様は十字架の峠を一度だけ覚悟したのではありません。誰かが死ぬというわさがあれば、彼を回生させるべき人は正に自分であると、感じることが何百回もあったのです。

誰かが無念にも迫害を受け、無念にも追われ、不憫な立場でひどい目に遭っている人がいれば、その事情を自分の事情として考えました。当時、起こっていた社会の凄惨《せいさん》な現象を、自分の一身の実践路程の上に展開されている実証的な供え物のように考えながら見つめた、イエス様の心情を知らなければなりません。(五―二二〇、一九五九・二・一)

内的三十年の準備期間と外的三年の公生涯路程

イエス様が三十年間に準備したのは、何だったのでしょうか。今まで神様が、内的に摂理した世界において絡まった多くの曲折をすべて解き、これを外的な世界にそのまま横的に展開させて蕩減《とうげん》復帰するための準備期間でした。三十年の準備期間は内的であり、三年の公生涯路程は外的期間であって、三十三年の期間を通して、完全なアダム復帰、個体完成を完結するために戦ってきたことを知らなければなりません。

メシヤとして生まれたその日から、メシヤの振る舞いをするのではなく、先祖たちが誤っていれば、誤ったすべてを完全にサタンの前に蕩減《とうげん》して、分別された勝利的基盤を築いた基台の上で、メシヤとして出発できるのです。この地上に、そのような出発のできる土台があったならば、イエス様は苦難の道を行く必要がないのです。

もし東方の博士、あるいは羊飼いなどが、イエス様が準備時代として内的な闘争をする三十年の準備期間に、イエス様の垣根になり、外的な闘争の基盤を築き上げていれば、イエス様は外的三年の公生涯路程において、内的なそのすべての天的な恨《ハン》を地上に横的に展開して蕩減するに当たって、苦難の道、迫害の道、苦労の道を行かずに土台を築けたでしょう。

また、築かれたその土台を中心としてこれを動かしていき、苦難に遭うにしてもこれを基盤にして、彼らと連絡できる洗礼ヨハネを中心とした人たちが責任を果たしていたならば、イエス様は外的な苦難にぶつからずに、み旨を成し遂げられたでしょう。

けれども、そのような土台がすべて崩れていくことによって、イエス様は東方の博士や羊飼いたちが追求した人間の代表としての使命を再び収拾し、洗礼ヨハネを立てたすべての準備の基盤を築いてきたものまで収拾して初めて、時代の前に現れることができることを知らなければなりません。

それゆえ、長く見るならば四千年の歴史を収拾しなければならず、御自身の生涯について見るなら、三十余年の生涯路程において、天が準備した横的な地上の歴史的条件までも蕩滅しなければならなかったのです。ですからイエス様が蕩滅しなければならない期間が、三十年の生涯と三年の公生涯路程であることを知らなければなりません。この三年の公生涯路程というのは、この上なく悲しい路程です。人間が責任を果たせなかったことによって、イエス様が苦難の道を行き、十字架の道を行ったことを私たちは知らなければなりません。

イエス様が三十三年間、この地上で天を代表して戦った目的はどこにあるのかというと、個体完成です。それゆえサタンが、三大試練として試練したのは何でしょうか。イエス様を一時的な一人の怨讐《おんしゅう》として試練したのではありません。イエス様の全体目的に対して試練したのです。

サタンが試練するに当たって、イエス様の三大試練の内容と同じそのような目的の実体になって試練する人に対して、「サタンよ、退け」と防いでくれる人がいたならば、イエス様には試練は必要ありませんでした。三大試練は必要ないのです。試練を通すことなく、出発と同時に個体完成し、出発と同時に聖殿理想が完成し、出発と同時に世界の栄光を立て得るようになるのです。

そのような基準が出発と同時に一度に起きるはずだったのですが、そのような外的な環境から防いでくれ、サタンと対決して「このサタンめ、お前が知る前に私は知っている。お前が試練するこのような条件は、私にかけようとしても無駄だ」と言って防いでくれる人たちがいなかったので、イエス様は苦難の道を歩んだのです。(一五三—一二四、一九六四・一・三)

ユダヤ民族の不信

イエス様はこの地上に来られ、十字架にかかって亡くなり、復活されたのちに昇天されたので、再び来なければならない摂理的運命に置かれているのです。

長い間、神様の摂理のみ旨に従ってきたイスラエル民族の中でも、選ばれたユダヤ教は、神様のみ旨を成し遂げ、勝利の基台を準備すべき使命がありました。これが彼らを選んだ神様の願いであり、また彼ら自身の希望でした。

このようなみ旨がかなえられるその時を願って、神様は御自身が信じることができ、創造理想を実現する全体の任務を遂行し得る一人息子であるイエス様を送りました。したがって神様は、イエス様を人間の前に主人として現れるようにされ、イスラエルを通して祝福を成し遂げなければならず、また歴史的な神様の救いの摂理のみ旨を終結させなければならなかったのです。

ところがそのようなイエス様が、どうしてこの地で摂理のみ旨を成就できず、神様の栄光を謳《うた》える理想の園を成し遂げられずに逝《い》ったのでしょうか。これが今日、私たちに悲しみを呼び起こさせる内容であらざるを得ません。

イエス様がこの地に来られて亡くなる時までの路程は、今日この地上に生きている人間たちの行く、そのような生涯の路程ではありませんでした。誰よりも困難な立場、誰よりも孤独な生涯を経て逝かれました。またイエス様は、神様のみ旨と人間の理想を一身に携えて、一世代圏、一時間圏内の一存在として現れた方です。

けれども、そのようなイエス様の価値を、天が見るのと同じ価値として認める人がこの地には一人もいませんでした。それだけでなく人間は、全人類に神様の愛を連結してくれる愛の中心存在として、イエス様に侍ることができませんでした。

それゆえイエス様は、言うに言えない悲惨な生活をされたのです。誰か一人でも友人として立たせて、自分の悲しみを吐露することができなかったイエス様でした。このようにイエス様は、どこの誰よりも哀れに生きて逝かれたことを、今日知らなければならないのです。

神様のみ旨を成就させ、神様の栄光のためにイエス様が来られたことがイスラエル民族の喜びとなり、ユダヤ教団と世界人類の喜びとならなければなりませんでした。また神様のひとり子であるその方は、全人類の主人公として現れなければなりませんでした。ところが、どうしてそのイエス様は、飢えと悲しみを受ける哀れな生活をされたのでしょうか。

時代は変わり、歴史は経過しても、イエス様が生存時に感じられた悲しみと孤独さを体恤《たいじゅつ》し、彼の哀れさを感じ得る人にならなければなりません。もし皆さんが天地に代わってサタンと戦い勝利することによって、神様に栄光をお返しできる息子、娘になることができないならば、悲しみと孤独さによって残されたイエス様の怨恨《えんこん》を解いてさしあげるすべがないのです。

イエス様の願いは、自分自身の欲望を満たすことではなく、自分自体を犠牲にしてでも神様の創造理想を実現してさしあげることでした。被造世界の中心存在に立てられた人間が堕落したので、神様は創造理想を実現するために、四千年間復帰摂理をしてこられたのであり、イエス様は堕落した人間始祖の誤りに責任を負って、そのような神様のみ旨を自分の理念、自分の目標として現れた方でした。

ところがイスラエル民族は、そのようなイエス様を知りませんでした。それだけではありません。ユダヤ民族は、イエス様の一身が歴史的な願いの代わりであると同時に、当時、神様の全体的なみ旨の代わりである方だったことも知らなかったのです。

イエス様は孤高な一個人ですが、それ自体は歴史に代わることができ、現実に代わると同時に、天倫のみ旨に代わり得る永遠なる神様の理想をもった方でした。けれども、神様のみ旨に従ってきたイスラエル民族とユダヤ教団は、イエス様がそのような方であることを知り得ませんでした。それゆえ彼らは、イエス様の行かれる道を協助するどころか、公然と妨害し、迫害したのです。（二一―二〇六、一九五七・五・二六）

メシヤを迎える準備

ユダヤ教はイエス様のために神様が準備されたものでしたが、そのようなユダヤ教徒はイエス様がベツレヘムに生まれたことを知りませんでした。むしろ東方の博士が先に知って、黄金、乳香、没薬《もつやく》をラクダに乗せて国境を越え、イエス様が誕生した場所をヘロデ王に尋ねたのです。こうしてイエス様の生まれたことがヘロデ王に知られると、ヘロデ王はイエス様を捕らえて殺そうと計画を立てます。

ですから国家を中心としてチャンピオンの候補までつくっておいたなら、イエス様が誕生したというとき、駆けつけなければならないでしょうか、駆けつけなくてもよいでしょうか。駆けつけなければなりません。ところが駆けつけなかったのです。また人類歴史上、数千年を経て一度しか来ない大事なお客さん、すなわちメシヤを迎えるための一等ホテルを準備しなければなりませんか、しなくてもよいでしょうか。準備しましたか。しませんでした。

神様の一人しかいない王子であり、万世に一人しかいない大事な王子様が君臨されるのに飼い葉桶《おけ》とは、話になるでしょうか。四千年間、神様が準備され、苦労されて立てたイスラエルの民は、みなどこに行ったのかというのです。彼らは、メシヤがユダヤのベツレヘムに生まれると大々的に言いふらしたのです。それで三人の東方の博士がベツレヘムに行って、黄金と乳香と没薬《もつやく》を贈り物として捧げたので、隣にあるエルサレムにもうわさが立ったのです。

それならば、イエス様を死なせた張本人は誰でしょうか。ユダヤ民族です。牧師はこのような摂理的なみ旨をよく知って語らなければなりません。イエス様が本当に死ぬために来たとするならば、何ゆえに神様は四千年の歴史を準備されたのでしょうか。王になるという預言者たちの預言はみなうそでしょうか。苦難を受けるという預言はありますが、神様がイエス様を殺すようにと預言されたでしょうか。考えもせずに信じているのです。

イスラエル民族がイエス様のことを信じられなかったので、イエス様は死ぬことになったのです。ヘロデ王を中心としたイスラエルの最高幹部たちとカヤパをはじめとする祭司長たちが、組んでイエス様を殺したのです。「あのイエスは、我々の生活基盤をすべて奪っていく危険分子だ」と判断したのです。ですから「あのイエスを、ただではおかない」と考えて、イエス様を十字架にかけて殺したのです。ユダヤ教団とイスラエル民族が一つになって、イエス様に仕えるチャンピオンになるべきだったのに、かえってイエス様に十字架の道を行かせたのです。

もしイエス様と彼らが一つになっていたならば、イエス様は死ぬことはなかったのです。イエス様の才能が、サタンの才能よりも劣っているでしょうか。良い内容をもってきたのですが、結局、彼らがイエス様と一つになれなかったので、十字架で亡くなることになったのです。（三八一八九、一九七一・一・三）

四十日断食

イエス様は天に代わって来られ、救世主として万民を救おうとされたのですが、救いを受けるべき民族の中に、そのイエス様の心中を推し量って現れた人は一人もいませんでした。彼の心中はおろか、彼の三十年の苦労の路程も知ることができませんでした。荒野生活をして、民族に責任を負うべき立場にあった洗礼ヨハネ一党さえも反対してしまいました。

このように悲しみの心情で民族を御覧になりながら、洗礼ヨハネに対する一縷《いちる》の望みをかけたのですが、洗礼ヨハネまでもがイエス様のことを無視していくようになる時、イエス様においては悲しみがより一層、深まったという事実を私たちは知っています。

民族の前に、天の福音をもって現れるべき時が近づいているにもかかわらず、民族が行方知れず、民族の前に天が立てられた洗礼ヨハネも行方が知れなくなり、イエス様は、人々の前に現れることができなくなりました。それで荒野で四十日間の断食路程を経ることになったのです。

今日キリスト教徒は、イエス様にとって四十日の断食期間は栄光の期間であり、イエス様に必ずなければならない期間だと思っていますが、そのようなものではありません。イエス様が四十日断食期間を経ることになったのは、イエス様の前に民族が消え去ってしまったからであり、洗礼ヨハネ一派が消え去ってしまったからでした。

さらには、東方の三人の博士とアンナ、シメオン、そしてみ旨を抱いてイエス様を身ごもったヨセフ家庭のマリヤが、イエス様が実践路程に出るときに、彼のことを分かってあげられなかったからでもありました。地の主人公として来られたイエス様であり、万民の生命を救うために来られた天の皇太子であられるイエス様であり、また万民の救い主であられるイエス様が、このように不憫《ふびん》な身の上になったことを私たちは知らなければなりません。

四千年の歴史を終結して、イエス様が築き上げるべき新しい天の祭壇は、栄光の祭壇であり、喜びの祭壇であり、勝利の祭壇でした。ところが新しい祭壇を築くために乗り出したイエス様は、不憫な境遇になってしまいました。おなかをすかせたイエス様になり、サタンの試練を受けるイエス様になってしまいました。サタンに試練を受けるその場面は、全人類が最も悲痛に思わなければならない場面です。

イエス様が四十日間断食をしたのち、サタンにもてあそばれ、そのサタンが提示した様々な条件の試練を受ける悲しみの時間は、そもそも民族が受けるべき試練期間でなければならなかったのですが、むしろイエス様の悲しみとして引き継がれたのです。このようなことを考えると、イエス様はその民族を断ち切り、恨み、呪《のろ》うべき立場であったにもかかわらず、御自身の空腹の身を起こし、天の心情をつかんで、民族のためにサタンと戦われたのです。

そのときイエス様が置かれた立場は、イスラエル民族も知らない立場でした。そのような立場で覚悟をして、天の前に現れるときのイエス様の心情は、「いかなる悲しみの立場を経たとしても、自分が来た目的と自分が抱いた父のみ旨に対する一途な心は変わり得ない」というものでした。

本来の父のみ旨は、民族を通して万民を救うことであると御存じであるイエス様であり、そのみ旨を尊重なさるイエス様であったがゆえに、飢えやぼろを着ることも、迫り来るいかなる迫害や試練も、彼が三十年余りの間、み旨を待ち焦がれて願った心を、崩そうにも崩すことができませんでした。

それゆえみ旨を抱いて現れるたびに、イエス様は天に代わって御自身が受ける悲しみと、天が受ける悲しみを同時に感じざるを得ませんでした。またそのような立場からみ旨に対して、より一層固い決心をしたので、裏切った民族と裏切った群れを再び探し出せたことを、私たちは知らなければなりません。

イエス様は御自身が生きているとき、イスラエル民族が探してくれることを願われたのですが、そのようにしてくれなかったので、反対に死んだのちに探してあげなければならないイエス様になりました。民族がイエス様に侍れなかったことによって、生きた立場で人類を救うべきだったイエス様は、死んで救いの役事をするようになったのです。(六一―一七二、一九五九・四・二六)

二、イエス様の嘆きと憂い

イエス様が対した人々

イエス様が対した人々は、たかだかペテロのような漁夫でした。ペテロに向かって愛について話したのです。「あなたはこの人たちが愛する以上に、わたしを愛するか」と三度も尋ねました。それからイエス様が対した人の中には、マリヤという女性がいました。寡婦であり、良くない背後をもった人です。それから誰かというと、サマリヤの女です。ヤコブの井戸のそばで水をくれと言ったその場で、弟子たちが疑うほど親しげに話したサマリヤの女がいました。それからほかに誰がいますか。

この地上に愛の主人公として来て……。新郎ですから、愛の主人公ではないですか。その愛の主人公であられる方の前に相対として現れた人たちが、どうしてそれほどまで役立たずの者たちだったのでしょうか。それがイエス様の願いだったのでしょうか。違います。神様の願いだったのでしょうか。違います。

出来の悪い人も、優れた人を要求するし、いくら不細工な女性だとしても、ハンサムな男性を新郎にしたいと思うでしょう。不細工な男性も、きれいな女性を妻に迎えたいと思うのです。死亡圏内に生きている人間たちも、そのように反対の立場を望むのに、ましてや天の国の王子として生まれたイエス様が、そのようにとても愚かな漁夫たちを集めて、何かの大将のように振る舞ったというのでしょうか。娼婦の群れが、何か愛しているという表示をしたというのでしょうか。サマリヤの女は、夫が五人もいるとか聖書には記されています。あきれてしまうのです。

イスラエルの国の大祭司長を中心として、「あなたは、この人たちよりも私を愛したでしょう?」と言うとき、「はい、主は私の愛することをすべて見ました」という返事を聞いたなら、どれほどよかったことでしょうか。ピラトがイエス様の門徒たちを訪ねるために、自分の侍従たちを前に立てて通告し、「今やっと、訪ねてまいりました」と言ったならば、神様がそれを御覧になって気分が悪かったでしょうか。あれほどまでひどく滅びるとは、誰が知っていたでしょうか。

そのように滅ぼそうとして、四千年間、預言者たちを通して、「メシヤを送ってやろう」と言ったのでしょうか。預言者も楽な立場で預言者になるのではありません。殺されたり、あらゆる犠牲に遭いながらも、「将来このようになる」と証《あかし》したことが風習化し得る基盤として築き上げられるまで、どれほど千辛万苦したことでしょうか。それほどまで価値もなく、それほどまで孤独に死なせるために、その道を築いたのでしょうか。とんでもないことです。それを知らなければなりません。哀れなイエス様なのです。

イエス様がその目で見つめた父母は、いかなる標準の父母だったのでしょうか。神様の前に「私の父と母は、天上天下《てんげ》に二つとない父と母なので、神様、この父母を私以上に愛してくださいと言える祝福の、その時間はどこへ行ったのでしょうか。自分の愛する兄弟たちに関して、「神様、私の愛する兄弟たちは、天上天下のいかなる兄弟よりも高貴な兄弟です。私が人間に生まれて、このような兄弟をもったことは天の誇りであり、人類の誇りです」と称賛し得るその立場はどこにあったのでしょうか。

あるいは弟子たちに関して、「私は人の世の師の中の大いなる師として、師弟間を中心として天下に誇り得る権威をもって、私自身を愛する以上の立場で弟子を愛しました」と言える立場はどこにあったのでしょうか。

自分の一族を中心として、「私の祖父母、あるいは遠い親戚《しんせき》、私の一族全体は、天が愛さざるを得ない一族であり、あなたの前に紹介せざるを得ない一族ですので、この一族を手放しては天の行く道がありません」と喜びの立場で誓いの心情をもって、神様の前に紹介し、神様の祝福を望み得る時間があったでしょうか。なかったのです。

「あなたが四千年間受難の交錯する道を経てこられながら、悪なる群れと悪なる国の迫害を受けつつ残しておかれた、あなたが愛したかったこの教会とイスラエルの国を、私が愛することのできる立場に立ったので、この日をあなたが喜ぶことのできる所願成就の愛の日として迎えてください」と言うことができたでしょうか。全くできなかったのです。

イエス様の立場から考えると、マリヤのような卑しい者が来て、足に香油を塗って髪の毛で拭くとき、あきれたことでしょう。この世の男性であれば、足でけ飛ばしたはずなのに、そのようにしなかったことだけでも幸いなのです。その国で特別な祭司長の家門に生まれた美女が来て、同じことをしても迷惑だったはずなのに、そのざまは何でしょうか。

けれども、イスカリオテのユダがその行動を見て戒める場において、イエス様はかえって味方にならざるを得なかったのです。「イスカリオテのユダ、あなたには、私の命をねらう悪賢い心が宿っているが、この女性はあなたよりもましである。あなたよりもましな人をどうして戒めるのか」と叱責《しっせき》されたのです。

このように自分のすべてを犠牲にする道によってのみ、「全世界のどこででも、この福音が宣べ伝えられる所では、この女のした事も記念として語られるであろう」（マタイ二六・

13）とまで予告しながら、念を押したことを私たちは知っています。それが良い立場であるから、そう言ったわけではありません。もしそこで、イスカリオテのユダがとがめなかったら、イエス様はどうしていたでしょうか。そのようなことは言わなかったことでしょう。（五〇―五二、一九七一・一〇・三一）

弟子を立てるためのイエス様の苦労

神様の作戦法は、どのようなものでしょうか。一人の人を取り戻すには、その一人の価値の分だけ打たれてこそ、初めて取り戻すことができるのです。これが天の摂理です。一つの家庭を取り戻すには、その家庭の価値だけのものを天が代わりに打たれてこそ、その家庭を奪ってくることができるのです。したがって民族を取り戻して立てるには、神様がそれだけの打撃を受けてこそ取り戻して立てることができるのです。イエス様は実践路程において、これが天の作戦法であることを知っていました。

神様の代わりになるべきイエス様だったがゆえに、民族を探すためには個人の供え物になり、家庭の供え物になり、教団の供え物になり、民族の供え物になって、打たれる犠牲の開拓路程を歩んでこられたことを知らなければなりません。

このような理念の実践方法をもって現れたイエス様は、準備したユダヤ教団から自分の同志を求めようとしましたが、一人も歓迎する人がいませんでした。民族から裏切られたイエス様は、労働者の姿で現れて、漁夫の友の姿で、彼らと事情を共にする友となり、心情を共にする友となり、願いを共にする友となって、彼らの願うものは何でも死を覚悟して、かなえてあげようという心で戦われたのです。このような心的な内容と、心的な理念をもって証《あかし》して戦ったがゆえに、ペテロのような漁夫たちがついてくることができたのです。

それでは無知な弟子たちを選んで、三年間、何をなさったのでしょうか。神様がイスラエル民族を立てるために四千年間苦労して奉仕したように、イエス様は彼らを立てて奉仕の生活をされたのです。

十二弟子を選んだイエス様は、彼らに対して大きな希望をもっていました。ユダヤ教団を動かし、祭司長たちとすべての律法学者たちを主管するために、天が送られたイエス様です。それゆえ彼の理念は大きく、彼のもつ欲望も大きく、彼の心的基準も高かったのです。このような神様の理念をもって、一人の開拓者の立場に現れたイエス様のことが分からなかった当時の祭司長や律法学者は、堕落直後のアダムとエバよりも哀れな人々であったことを知らなければなりません。

このような群れを御覧になって、イエス様はどうされたのでしょうか。天が四千年間、選民を立てるために奉仕の路程を通過し、サタンに対して犠牲と供え物の路程を通過してこられたその歴史的な伝統を、イエス様は三年の公生涯路程として通過されたことを知らなければなりません。

それゆえイエス様は、食べたいものがあっても、それを忘れて弟子たちを探し求め、着る物があれば自分がぼろを着ていることも忘れて弟子たちに上げたのです。安らかな立場があれば、弟子たちをその立場に置いて、自分は卑しい立場にいました。天と結びついたこのような心と理念をもって生活したイエス様の三年公生涯の路程が、必然的に勝利的な成果を上げるべきだったにもかかわらず、そのような成果を得ることができなかったその事情を知らなければなりません。（五―二三四、一九五九・二・一）

十二弟子の立場と責任

十二弟子は、イエス様の新しい福音を中心として進まなければならなかったのです。ここでイエス様は父母になり、ユダヤ教はカインになり、イエス様の新しい福音はアベルになるのです。またイスラエル民族がアベルになり、世界国家がカインになるのです。

すなわち先に出てきたのがカインの立場であるユダヤ教であり、またイエス様を中心とした新しい福音運動がアベル的立場なのです。アダムの家庭でカインがアベルを殺したのですが、歴史の流れは蒔《ま》いたとおりに刈り入れる立場に立たなければなりません。そうでなくては復帰にならないのです。それゆえイエス様は、排斥されて追い込まれる立場に立つようになったのです。

しかしイエス様は、アベルが殺されたように殺されてはならず、キリスト教もそうであってはいけません。ところがイエス様は殺され、今までキリスト教徒も殺されてきたのです。それでキリスト教は、殉教の宗教になったのです。このようにアベルの歴史について見ると、カインの攻撃を受けるのは避けられないことなのです。

ここで再度編成したイスラエルの歴史を代表した十二弟子は、新しいイスラエルの一族として、カイン的な子女の立場とアベル的なイスラエル氏族の立場にあるので、ほかのすべての支派よりも立派でなければなりません。彼らが備えた内外の内容すべてが立派でなければならず、神様が誇り得る基準に立たなければならないのです。イエス様は死なずに生きて、何をすべきでしょうか。蕩滅《とうげん》復帰をしなければならないのです。そのようなイエス様が追われ、追い込まれて死んだので問題が起きたのです。

このように追い込まれた状況で、十二弟子と支派長たちが反対すれば、どうしなければならないでしょうか。支派を編成するためには、家庭がなければならないのに、家庭がなくて支えられますか。それゆえイエス様は、家庭をつくらなければなりませんでした。支派長を中心として世界の土台と連結させて伸びていかなければならないので、家庭をつくらなければならないのです。

そうしてイエス様は、アダムの家庭のカインとアベルが失敗したことを復帰する立場であり、ノアの家庭において三人の息子に代わって復帰する立場にあったのです。それでイエス様は、イスラエル民族を中心としてこのような立場で責任を果たすために、代表的な中心人物として知識の乏しいペテロとヨハネ、ヤコブを立てられたのです。このことは、どれほどあきれることでしょうか。

彼らがいなければ、家庭の基盤も築くことができません。したがって彼らは、死ぬ場にも従っていかなければならず、死ぬとしても共に死ななければなりません。一家庭において父母が逆賊として訴えられて死ぬことになれば、その子たちはみな「逆賊の子」という立て札を立てて死ななければならないのと同じことです。（二三―六〇、一九六九・五・一一）

イエス様の心情を知らなかった弟子たち

変貌《へんぼう》山上でのイエス様は、喜びませんでした。この変貌山上であった事件と場面は、神様または人間の誰も知らない悲壮な場面に違いありません。今日この事実を、自分を中心として推し量ってはいけません。

変貌《へんぼう》山上の三弟子は、燦爛《さんらん》と輝くイエス様の姿を見て、「先生、わたしたちがここにいるのは、素晴らしいことです。それで、わたしたちは小屋を三つ建てましょう。一つはあなたのために、一つはモーセのために、一つはエリヤのために」（ルカ九・33）と言いながら、そこに永遠にとどまろうと話しました。このように三弟子は現れる環境で楽しもうとしたのですが、イエス様の心情はそのようなものではなかったのです。

その時に現れた変貌山上の環境は良い環境でしたが、その環境に対するイエス様の心情は、歴史的な内的悲しみと未来の悲しみが身にしみるようでした。ところが三弟子は、イエス様がこのような悲しみの心情に浸っていたことを知りませんでした。

過去の歴史的な悲しみに浸っている背後関係のすべてを乗り越え、最後にはイエス様に橋を架けて、神様をつかんで談判できる立場にまで進まなければなりません。また悲しむこの民族の背後には、民族に代わって隠された祭壇を築き、精誠を尽くしている群れがいることを知らなければなりません。

教団に代わって涙を流す人は、祭司長と同じ職分をもっている人です。ヤコブが二十一年間、人知れず祈祷をしたのも、神様の摂理がアブラハムから三代にまでつながっていることを知っていたからでした。それで彼は、民族のための蕩滅《とうげん》の路程を黙々と歩みました。モーセもまた民族のために、パロの宮中における四十年の生活とミデヤン荒野での四十年間の祈祷生活をしたのです。

今日、民族に対して悲しみの祈祷をする教団と涙を流す人がいるなら、彼らには既に祭司長的な職分が与えられているようなものです。ところが、天が「切迫した心情で天の前に談判の祈祷をしてみたことがあるか」と尋ねるとき、どのような返事ができますか。今からでもそのような決心をもって、「終わりの日」に責任を持ち得る働き手とならなければなりません。

皆さんのいる立場がそのような環境になり得ないとしても、とどまる環境において実践しなければなりません。それぞれの地域に責任を負った、変貌山上のイエス様のような聖徒たちがたくさん現れてこそ、キリストの解怨《かいおん》がなされるのです。今日私たちは、昔の三弟子よりも多くのことを知り、イエス様の心情と神様の悲しい心情を解怨してさしあげられる真なる子女にならなければなりません。（四―二三二、一九五八・五・一一）

イエス様の教えどおりに行動しなかった弟子たち

イエス様の心情が分からない弟子たちは、イエス様を利用して高い位置に上がろうとしました。それを知ったイエス様は、地をたたいて泣いてもその心を晴らすすべがなく、天に向かって痛哭《つうこく》しても、これを晴らすすべがない悲しい心情をもって生きられたのです。

しかし行くまいとしても、行かざるを得ない使命の路程が残っているがゆえに、その心を抑えて弟子たちに対して、「だれでも自分を高くする者は低くされ、自分を低くする者は高くされるであろう」（マタイ二三・12）と言われました。自分の心中、骨肉にしみ込んだ決心の一端を再度証されたという事実を知らなければなりません。

その時この言葉を聞いた弟子たちは、それはイエス様の言葉であって、自分たちとは何ら関係がないと思いました。弟子のヨハネの母が自分の二人の息子を「終わりの日」に、栄光の立場に立ててくれと言ったときの、もどかしく惨憺《さんたん》たるイエス様のその心情をいま一度考えてみてください。イエス様は哀れな方です。イエス様が弟子たちにそのように教えてあげ、そのように訓戒してあげたにもかかわらず、彼らはそのみ意《こころ》が分からなかったのです。

それゆえ付き従う群れが多くなればなるほど、弟子たちは自分たちがうれしいという行動を表しましたが、イエス様が自分たちに実践して見せ、教え、訓戒してくれたことを見習い、イエス様に従う群れの前に見本となって、イエス様を高めイエス様をあがめるそのような供え物の立場には立てなかったのです。かえって弟子たちによって、他の人たちがイエス様の前に出ていくことが難しくなったのです。

それにもかかわらず、イエス様はその弟子たちには弟子たちを越えて、教団が叫んでいることを成就すべき責任があることを知り、教団には教団を越えて、民族が叫んでいることを成就すべき責任があることを知り、民族には民族を越えて世界が叫んでいることを、世界人類には世界を越えて天が叫んでいることを成就すべき責任があることを知りました。

しかし、このような彼の心情を誰一人として知る者がいなかったのです。そのような事情に置かれているイエス様にとって、自分だけに向き合ってほしいという幾人かの弟子たちを見つめることは、どれほど悲しかったことでしょう。イエス様は千辛万苦して真心を尽くす聖徒たちがおなかのすくときには、餅《もち》を作って食べさせてあげ、彼らが「時」のために泣くときには、彼らを慰めてあげ、失望するようなときには、八福の教え（山上の垂訓〈マタイ五・3〜10〉）を通して天の祝福を紹介しました。

このように彼らを率いて回りながら、失望するのではないか、あるいは離れていくのではないかと心配をされたイエス様の心の切ない事情を表現したものが、正に福音書のみ言《ことば》であることを私たちは知らなければなりません。

さらには、一つの事情をかけて話せば話すほど、そのみ言を聞いて近づくべき弟子たちであるにもかかわらず、かえって遠ざかる立場に行く弟子を見つめるイエス様の心情を感じなければなりません。

ついには腰に手ぬぐいを巻いて、たらいで弟子たちの足を洗ってあげながら、私の道理は「仕えること」であると主張したイエス様でした。このようにしてこそ、天と因縁を結べることを知っていたイエス様だったので、行くまいとしても行かざるを得なかったのです。このように悲しみを感じながらも、弟子たちを見つめられたイエス様であったことを知らなければなりません。

復帰の路程を歩まれたイエス様が、奇跡を喜んで行われたのではありません。うれしくて安らかなので奇跡を行ったと思ったら、大きな誤解です。この地には身の置き所がなく、この宇宙の中には頼る所がないので、天に向かって訴えまいとしても訴えざるを得ない事情があったのです。このように悲壮な境地にあったイエス様の切なる姿を見つめなければなりません。

イエス様が彼らに同情せざるを得ない悲しい事情に処し、手を挙げて「父よ！」と呼ぶときに、そこで奇跡が行われたのです。骨肉が溶けるような悲しい場面で叫ぶ、その一つの事情を通して現れたものが奇跡であったことを知らなければなりません。その奇跡は、イエス様が怠慢で、あるいは好きで行ったものとは思わないでください。

ベツサイダの町で五千人余りの群衆が、「イエスよ、あなたは復活した預言者の一人であり、選ばれたイスラエルの指導者であられます」と、手を振りながら叫びました。このように、利益になり得る立場のときは訪ねてきましたが、時が過ぎ、イエス様が自分たちと心的基準が変わり、事情が変わり、標準の違う境地へとさらに一歩進むと、彼らはイエス様を裏切って背を向けました。これがイエス様の歩んでこられた路程にあった現象です。（五一・二六、一九五九・二・一）

弟子たちの不信と無知

イエス様は自分の一身を越え、家庭と社会と国家と世界、さらには無限の霊界まで復帰すべき使命が自分にあることを知っていました。したがって、イエス様が個人を求めてさまよわれたのは民族を求めるためであり、民族を求めてさまよわれたのは世界を求めるためでした。そして世界を求めるために今日まで二千年間苦労されたのは、天上天下《てんげ》すべてを神様が治める所につくるためだったのです。

ところが、このような事実を人々は知りませんでした。したがってイエス様は、天宙的な計画を実現すべき自分の前に現れるそのような群れに、神様の深い心情とみ旨を語ろうにも語れなかったのです。このように哀れな状況に置かれたイエス様であられたことを知らなければなりません。ですからイエス様は、「わたしには、あなたがたに言うべきことがまだ多くあるが、あなたがたは今はそれに堪えられない」（ヨハネ一六・12）とおっしゃったのです。

イエス様は、全世界万象を復帰すべき神様の摂理を代わりにするという天宙的な使命感に燃えて、天に対して忠誠の道理を果たそうとしたのですが、当時の人間はそのようなイエス様が分からなかったのです。

では今日、皆さんはどうでしょうか。「私はイエス様を数十年間信じてきました。私は牧師だ。私は長老だ。私のことを神様が知らないはずがない」と主張する人たちがいますか。そのような人がいるならば、その人は神様の前に頭を下げて涙を流さなければなりません。四千年間、選民圏を誇っていたイスラエル民族が滅びるとは、誰が知っていたでしょうか。三年の公生涯過程で、イエス様と喜怒哀楽を共にした十二使徒までもイエス様を不信するとは、誰が知っていたでしょうか。誰も知らなかったのです。

ではどうして、このような矛盾の歴史が起きたのでしょうか。イエス様の観念や願いが、弟子たちの観念や願いとは異なっていたからです。それで弟子たちが、イエス様を不信したのです。

それならば、イエス様の当時に万物のわめき声を聞き、闇《やみ》の中にいた人間が天に向かって「彼らを解放させてください」と祈った、その悲しい心情を感じ、涙を流したことがありますか。またはあの霊界で、数千億の霊人が嘆いているわめき声を聞いたことがありますか。イエス様は聞かれたのです。イエス様は人類歴史の終末に、審判の硫黄の火が降り注ぐその審判のむちを知って、涙を流されたのです。(四―一二四、一九五八・三・二三)

変貌《へんぼう》山での悲壮な決心

変貌山に登るとき、三弟子がイエス様のあとについていきました。彼らは外見からすれば民族を代表して選ばれた弟子の立場でしたが、イエス様にとっては何の助けになる条件も立てられない弟子たちでした。

イエス様が荒野を訪ねていくときは、それでも天使が来て仕えたのに、民族のために戦い、民族のために死を覚悟して変貌山を登るときは、民族を代表してついてきた三弟子でさえも、イエス様に仕えられなかったのです。それを考えると、悲しみで始まり悲しみで終わったイエス様の生涯は、悲痛なものであったことを、私たちは感じざるを得ないのです。

そのイエス様はひざまずいて天を仰ぎ、「私の力の及ぶ限り、私にあるすべての精誠を尽くして、願われるみ旨に従ってまいります」と祈られました。歴史的ないかなる先祖たちよりも、固い志操と忠義と誠心と努力を傾けて三年の公生涯路程を歩まれましたが、民族から追われ教団から追われました。親戚《しんせき》や弟子たちが、誰一人として自分の味方になってくれない中で、イエス様は天に向かって祈祷する生活をしたのです。

イエス様の心情は、自分が孤独な立場で悲しみを感じること以上に、神様が人間に対して四千年間苦労してきた歴史の結果がこの有様なのかと思い、神様に自分の心情を告げるにはあまりにも心苦しい気持ちであったことを知らなければなりません。

そのような心情に徹したイエス様には、民族に対する恨みの心や、教団に対する恨みの心、あるいは堕落したアダムとエバに対する恨みの心がわき出ることはありませんでした。人を恨む余地がなかったイエス様であったことを、私たちは知らなければなりません。

昔、先祖たちは、悲しいとき天から慰めを受けましたが、イエス様は悲しい立場にあっても、「悲しい」と祈れない自分であることを悟っていたのです。祈ろうとする前に、既にすすり泣きの涙がイエス様の膝《ひざ》をぬらしていただろうと私は思います。

その姿は、天地の上に罪人の中の罪人同然でした。四千年間、苦労の歴史を繰り返して摂理された神様の前に、勝利の条件を立てられずに敗北の一路で悲しい事情を抱き、変貌《へんぼう》山上に独り現れて、天に対して訴えざるを得ない立場に立ったイエス様は、とても口を開いて祈ることはできなかったのです。

その姿と事情が哀れだったので、神様はエリヤとモーセを送られ、エルサレムでのイエス様の死について話し合わせました。弟子だけでなく、神様が悲しみに浸ることを知ったイエス様は、民のために、またこの後代のために天を心配されて、過去と現在と未来を前に悲しまれたのです。

死の道を歩んででも希望がなく、行く手が遮られた中に置かれたユダヤの民を生かさなければならないことを感じたイエス様は、かつてのエリヤのように「アバ、父よ！　ただ私だけが残りました」と訴えるそのような祈りの心情で、神様の前に現れたのです。このようなイエス様の心情は実に悲痛なものだったのです。

エルサレムで死ぬことを予告されたイエス様は、その死の一日を人知れず準備しました。イエス様は自分の死の日がだんだんと差し迫り、事態が入り乱れていくのを感じました。また愛する弟子が自分を売ることを知り、自分が十字架に進む前に、まず世の中の万事を終結させなければならないと、深刻な思いをもちました。そのような心情が、彼の身と心にしみ込んでいたのです。

死を前にして、最後の道を行くべき救世主の使命を負った自分であることをイエス様は知っていたので、死の道を経たのちの行くべき方向を設定しなければならなかったのです。イエス様は自分のこのような死によって、歴史的な悲しみと時代的な悲しみ、そして未来の悲しみがなくなるどころか死の峠を越えたあとまでも、もつれたまま残っているのではないかと心配したのです。このようなイエス様の心情は、いかなる時よりも悲壮なものであったことを知らなければなりません。

このような心情にとらわれているイエス様のことを分かってあげた人は、地上に一人としていませんでした。その事情を分かってあげた弟子は一人もいなかったのです。イエス様の事情が分かる方は、神様しかいませんでした。

そうしてイエス様は、人には分からない悲しい心情をもつようになり、歴史的、時代的、未来的な怨恨《えんこん》を抱くようになり、悲運の障壁と黒い雲が目の前を遮る環境、死に追い込まれる悲惨な環境に処したのです。このようなイエス様の心情は、悲しいと言えばこの地上のどこの誰よりも悲しい心情であり、悔しく無念であると言えば、どこの誰にも比べものにならないほど悔しく無念であったことでしょう。(五一一九九、一九五九・一・二五)

イスカリオテのユダの不信

このような立場で、ヨセフとマリヤは一緒に暮らさなければなりませんか、暮らしてはなりませんか。暮らしてはなりません。ヨセフは天使長と同じ立場です。ですから彼らが一緒に暮らすということは、アダムとエバの堕落を継承して繰り返すのと同じことなのです。

ここでマリヤはイエス様と一つになって、いかなる犠牲を払ってでもイエス様の相手を求めてあげる使命を果たさなければなりませんでした。しかしその使命が果たせなかったことによって、すべてを失ってしまったのです。ヨセフを中心とした家庭において、すべてを失ってしまったのでイエス様は家を出て、相手を探し求めなければならなかったのです。

それならば、家を出てこのことをしなければならないという場合に、ヨセフと同じ立場に誰を立てるのかということが問題なのです。これは正にイスカリオテのユダが適格者でした。

またマリヤの立場に立ち得る人をどこから探さなければならないのでしょうか。家庭において、マリヤとヨセフが失敗したので、これを再び取り戻さなければなりません。これを復帰しなければ、イエス様は使命をつなぐことができないので、このことを外的にするためにイエス様は家を出たのです。そうして十二弟子を探し立て、イスカリオテのユダを中心として、このことをしようとしたのです。それにもかかわらず、彼のみ旨は成し遂げられなかったのです。

では、その原因は何でしょうか。イスカリオテのユダは、なぜイエス様を銀貨三十枚で売ってしまったのでしょうか。イスカリオテのユダがイエス様を売り飛ばしたのは、お金ゆえでしょうか。イスカリオテのユダは、愛する妻を、昼夜イエス様に仕え、忠誠を尽くせるように協助しなければなりませんでした。

妻と別れることがあったとしても、その妻をイエス様の母と同じ立場に立たせ、イエス様に協助できる基台を準備してあげなければならなかったのです。それにもかかわらず、その責任が果たせなかったのです。このような基台がすべて崩れたので、イエス様は行く所がなく、やむを得ず十字架で亡くなられたのです。このようにイエス様は、悲運の歴史を背負って亡くな

ったので、今日、我々統一教会ではこのような歴史を解怨しなければならないのです。（三五一二二四、一九七〇・一〇・一九）

責任を果たせなかった三弟子

イエス様がイスラエル民族を中心としてローマ帝国を屈服させていたならば、その地でキリスト教の主権を中心として新しい理想世界が出発していたはずです。しかし、イスラエル民族がイエス様と一つになれなかったことによって、イエス様が亡くなったのちに地の基盤を完全に失ってしまい、さまよう雲のように東から追われれば西に行き、西から追われれば東に行くという立場に立ったのです。このように国のない民として、霊的な国を追求して二千年、民主世界を発展させ、その基盤に代わり得る道を探し求めてきたのが、今までのキリスト教の歴史なのです。

聖書を通して知らなければならないことは、アダム家庭のカイン、アベル、セツの三人の息子が互いに一つになれずに落ちてしまったので、アダムの代わりに父母の立場で来られたイエス様に対して、ペテロ、ヤコブ、ヨハネを立てたということです。アダムの家庭を中心として、三人の息子が一つになれなかったので、これを再び取り戻して一つにしなければ、父母の立場、アダムの基準を復帰することができないのです。したがって死地でさえも一つになって連れていかなければならないイエス様の運命なので、ペテロ、ヨハネ、ヤコブをゲッセマネの園に連れていって、徹夜しながら祈らなければならなかったのです。

　ここで父母の立場であるイエス様が十字架で亡くなる前に、誰が先に死ななければならないのかというと、ペテロ、ヤコブ、ヨハネの三弟子です。イエス様よりも彼らが先に死ねば、どうなるのでしょうか。復活させるときに、ペテロ、ヨハネ、ヤコブも復活するのです。そうなると、どうなるのでしょうか。地上で四位《よんい》基台が形成されるのです。（二三一─一七五、一九六九・五・一八）

ペテロを振り返られたイエス様の心情

　イエス様が十字架の道、ゴルゴタ山上の孤独な道をたどっていこうとするとき、愛する十二使徒の代表であるペテロを再び振り返られました。それは、自分のあとに一番先に従うべきペテロの心が変わるのではないかと心配したからです。このように神様のみ旨を心配する自分の心が悲痛であるにもかかわらず、愛する心でペテロを顧みられたイエス様のその視線を、今日再び感じる者とならなければなりません。

　しかしペテロは、三度もイエス様を知らないと否認しました。それゆえ天のみ旨とは完全に分離された立場に立つようになり、イエス様とは関係のない立場に立つようになったのです。そのようなことを知っているイエス様でしたが、死の道に向かっていく自分のあとを死守して、同情してくれる一人の人を探そうとされたので、愛する一番弟子であるペテロを振り返られたのです。このように一人の真《まこと》の人を探そうとされたみ旨が、愛弟子ペテロを見つめるその視線の中にしみ込んでいたことを知らなければなりません。

神様の全体的な摂理に責任を負って来られたイエス様においては、このような立場に立つようになるとき、これほどの悲しい場面はないでしょう。なぜならば人間の不信によって、ゴルゴタの道、死の道を行く自分の使命を引き継ぎ得る一人の人を探そうとするイエス様は、言うに言えない悲しみに浸ったのです。ただ神様だけが、イエス様のつらい心情を分かってくださり、イエス様の悲しい事情を心配してくださいました。

イエス様はその三十年余りの生涯に、ひたすら天の悲しい事情に代わって歩んできた苦労の路程を回顧してみるとき、人間に対して叱責《しっせき》したく、地に対して呪《のろ》いたい心が身にしみていたのです。ところが、自分のそのような心を押さえつけ、自分の足取りを止めて、従っているペテロを見つめたのです。このようなイエス様の内的心情を感じられないならば、イエス様を中心とした神様のみ旨を代わりに引き継いで、万民の前に堂々と立てないことを、はっきりと知らなければなりません。

力と戦おうと、正義感あふれる覚悟をしたのです。

天に向かって歩んでいくイエス様の善なる不変の姿と、周囲の人々の不遜さは、天地の差がありました。それゆえ、瞬間的に振り返るイエス・キリストの視線を通して、ペテロは自分の愚かだった生涯を清算することができ、周囲の環境を浄化して善の基準を立てなければならないと決心をし、より一層神様に向かったのです。

言葉なく、天のため地のため、万民のため、み旨のために亡くなったイエス・キリストの死を通して、ペテロはおのずと主を尊敬するようになり、その死の前に懺悔《ざんげ》の涙を流して痛哭《つうこく》したのです。

この事実が、最後に振り返られたイエス・キリストをして、自分を認めてくれる使徒がいることを感じさせ、途絶えた天と人間の因縁が回復する瞬間であることを感じさせたのです。ペテロ一人だけが、天と地、そして万民と数多くの使徒を代表して、神様のみ旨の前で亡くなったイエス様に対して、自分の足りなさを感じ、痛悔《つうかい》（心の底から悔やむこと）の涙を流したのです。

このように主が十字架で亡くなる前に苦難を受けられる姿を見て、ペテロだけが痛哭しながら悲しく泣いたのです。このようなことがあったからこそ、イエス様が使徒たちを中心として役事することができる基準、イエス様と人間たちが互いに因縁を結べる新しい基準が造成されたことを、皆さんは知らなければなりません。

イエス様が十字架に亡くなってから今日まで、キリスト教徒が神様のみ旨だけをつかんで、復活と再臨の時を待ち焦がれたことと同じ立場を、皆さんもいずれ経なければならないのです。そして、ペテロのような立場も蕩滅《とうげん》復帰しなければならないのです。これが皆さんの信仰の路程に残された最後の運命であるとするならば、深刻な立場で真剣にイエス様と自分との間を振り返ってみながら、イエス様の志操を見習うことができなければならず、イエス様のその姿勢の前に身をかがめ、痛悔《つうかい》できなければなりません。

私たちが今までの信仰生活の中で、主が私たちのことを心配するように、私たちも主のためにどれほど心配しながら生きてきたのかが問題です。自分はイエス様のことを心配しながら一生涯生きてきたとしても、どうして死の立場を克服しながら、ペテロを見つめたイエス様の生涯と比較できるでしょうか。

今や蕩滅復帰原則によって、イエス様が死の道で群衆を振り返られたように、私たちも死の道でイエス・キリストを振り返る自分とならなければなりません。そのような立場で、イエス様に代わる立場に立つと同時に、イエス様を栄光の場に迎えてさしあげるために、イエス様の苦痛を代わりに受け、イエス様の心配を代わりにしなければならないのです。皆さんに、そのような時があったのかということが問題なのです。

もし皆さんに、そのような時がないとするならば、「終わりの日」すなわち復活の栄光を迎えるときに、マグダラのマリヤが復活されたイエス・キリストをつかもうとしたように、皆さんが復活の主をつかんで、「私の主よ、私の新郎よ」とは言えないでしょう。

イエス様が十字架への道を歩むなかでペテロを振り返られることによって、初めてペテロと三弟子を探し出すことができたのですが、イエス様を直接つかんで天国まで行っている聖徒はいないのです。（二一二九、一九五七・二・一〇）

四位基台が造成されれば、サタンが侵犯できる圏内から抜け出すことになるので、イエス様は昇天せずにこの地上で家庭の基盤を築くことができるのです。

家庭基盤を備えるためには、イエス様が新婦である聖霊を迎えなければなりません。実体聖霊を迎えるようになれば、平面的な基準を中心として思いのままに活動ができます。ところが弟子たちが息子、娘の基準を立てられなかったので、イエス様は霊的に条件だけを立てることになったのです。これがイエス様の恨《ハン》なのです。このように地上で完全蕩滅の基準を立てられなかったので、やむを得ずイエス様は昇天することになったのです。（二三一一七五、一九六九・五・一八）

三、メシヤ降臨に関する旧約の預言とその結果

両面で預言されたメシヤの再臨

メシヤが雲に乗って来ると思っていたユダヤ教徒たちの前に、イエス様が人として現れたので信じなかったのです。それゆえ、このように旧約聖書に対し誤った解釈をすることによって、来られたメシヤを捕らえて殺したという途方もない事実を、今からでも知って悔い改めなければなりません。

さらに一つ、はっきりと知っておかなければならないこととは何かというと、聖書は両面から預言されているということです。なぜ両面から預言されているのでしょうか。堕落した人間は、責任を果たすことも果たさないこともあるからです。神様と一つになっていた人が背を向け、サタンと組んで神様を滅ぼしたり、サタンと組んでいた人が神様のところに戻ってきて、

サタンを滅ぼしたりするのです。それゆえ人を、神様も恐れ、サタンも恐れているのです。

ゆえに旧約聖書のイザヤ書第九章、第十一章、第六十章、この三つの章には、栄光の主として堂々と来ることを預言していますが、第五十三章においては苦難に遭うことが預言されています。ところが信じて迎えることができなかったので、イザヤ書第五十三章の預言が成就したのです。信仰によって成就すべきことが、不信仰によって成就しなかったので、それが延長されて再臨の時を迎えなければならないのです。

それでは、新約時代に来るべきメシヤの立場を、新約聖書はどのように預言しているでしょうか。新約聖書もメシヤが来ることに関する預言は、旧約聖書と同じです。ヨハネの黙示録第一章7節を見ると、再臨するメシヤは間違いなく雲に乗って来るとあります。しかし、テサロニケ人への第一の手紙第五章2節を見ると、メシヤは「盗人が夜くるように来る」と預言しました。雲に乗って来るのに、盗人のように臨めるでしょうか。

今日のキリスト教徒は、自分勝手に雲に乗ってくることは信じ、盗人のように来ることは信じないのでしょうか。自分勝手にそのように信じられるのでしょうか。ですから私たちは、知恵深くなければなりません。旧約時代の実情を推し量ってみるならば、主が雲に乗って来ることもあり、人として来ることもあり得るということを知らなければなりません。（七三一二七、一九七四・九・一八）

イエス様を不信したユダヤ民族

今日、キリスト教がメシヤの来臨を望んでいることは、あたかも今から二千年前にユダヤ教徒がメシヤを待ち望んだことと全く同じ立場です。今日のキリスト教について見れば、二千年間、メシヤが来ることを待ち望んできましたが、ユダヤ教からすれば、天は四千年間、数多くの預言者を送って犠牲にしながらメシヤを遣わすことを約束したのです。

神様がメシヤを遣わすことを約束したので、その民族は四千年間、その方が来ることになれば鉄石のように固く一つになり、神様のみ旨を成し遂げようと誠を尽くして信じてきたのです。

そうして神様は、メシヤたるイエス・キリストを約束どおりその民族に送りました。また、約束どおりその民族は、受け入れなければならない立場に立っていました。ところが、メシヤが来ることを望んでいた民族が、メシヤを受け入れるどころか、むしろ迫害して捕らえ、殺してしまいました。それはなぞではないでしょうか。

例えるならば、今日、キリスト教徒が主メシヤが来ることを待ち望んでいるところにメシヤが来たのですが、そのキリスト教の最高指導者であるローマ法王や、カーディナル（枢機卿）、ビショップ（司教）、牧師のような者たちが総動員して、メシヤを捕らえて、殺したことと同じなのです。そのような結果をもたらしたのです。簡単に「死ぬために来た」ということは通じないのです。理論的に合わないのです。死ぬためならば、何をしに来るのでしょうか。四千年間、数多くの預言者を殺し、イスラエル民族をあれほどまでに苦労させて送ったメシヤが、死ぬために来たのでしょうか。

ですから今からは、ユダヤ民族があれほどまでに待ち焦がれたメシヤを神様が送ってくださったにもかかわらず、どうして彼らは捕らえて殺したのかを、はっきりと知らなければなりません。

なぜ捕らえて、殺すことになったのでしょうか。第一に、旧約聖書が捕らえて殺すようになっています。なぜでしょうか。旧約聖書のマラキ書は、新約聖書のヨハネの黙示録に該当します。マラキ書第四章5節以下を見ると、「主の大いなる恐るべき日が来る前に、わたしは預言者エリヤをあなたがたにつかわす。彼は父の心をその子供たちに向けさせ、子供たちの心をその父に向けさせる」と明確に預言されています。

エリヤというのは、イエス様が来られる九百年前に火の戦車に乗って昇天した人です。神様が、この民を愛し、このように時を決めてエリヤを送ってあげようと言われたので、火の戦車に乗って天に昇ったエリヤが先に降りてくるだろうと思っていたのです。

エリヤが再び来ると聖書には固く預言されているのに、エリヤは来ませんでした。聖書というのは、どのような本かというと、四千年間イスラエルの民族思想の基調になり、ユダヤ教の信仰の中心になっており、四千年の間、命のすべてを注いで信じてきた本です。そのような聖書を、イエス様の話を聞いて捨てられるでしょうか。

主が雲に乗って天から降りてくるのを待ち望んでいるのに、ある人が来て「私が主だ」と言うことと同じです。それを今のキリスト教が信じられるでしょうか。

そのような事件ゆえに、イエス様はひどい目に遭ったのか、遭わなかったのかということを、イエス様のみ言《ことば》を通して調べてみましょう。マタイによる福音書第十七章10節以下に、次のような場面があります。イエス様の弟子たちは、聖書をよく知りません。無知の者たちがみな、イエス様は救世主だと信じて伝道に出掛けたのです。

「メシヤが来たので、メシヤを信じなさい」と言うときに、信じない祭司長たちが「お前たちの先生がメシヤなら、聖書のマラキ書には間違いなくメシヤが来る前にエリヤを送ってくださるとあるのに、そのエリヤはどこにいるのか」と言ったのです。無知の弟子たちは分からないので、イエス様に尋ねる場面が出てきます。

もしエリヤが来たとするならば、イエス様は目の不自由な人でもよく、耳の不自由な人でもよく、足の不自由な人でもよいのです。エリヤが来なかったがゆえに問題なのです。

聖書には次のようにあります。「弟子たちはイエスにお尋ねして言った、『いったい、律法学者たちは、なぜ、エリヤが先に来るはずだと言っているのですか』。答えて言われた、『確かに、エリヤがきて、万事を元どおりに改めるであろう。しかし、あなたがたに言っておく。エリヤはすでにきたのだ。しかし人々は彼を認めず、自分かってに彼をあしらった。…（中略）…』。そのとき、弟子たちは、イエスがバプテスマのヨハネのことを言われたのだと悟った」（マタイ一七・10〜13）

洗礼ヨハネがエリヤですか。皆さんならば信じますか。エリヤは来ていなかったのですが、エリヤを洗礼ヨハネに取って付けたのです。「お前が、洗礼ヨハネのことをエリヤだといって取って付けたのは、メシヤを装った詐欺師だからだ」というのです。

そうしてイエス様のことを、四千年間、神様が立てられたイスラエル選民を滅ぼし、イスラエル、ユダヤ教を滅ぼす頭だ、ベルゼブルだと決めつけてしまったのです。（七〇―三二五、一九七四・三・一〇）

聖書を文字どおりに信じたユダヤ教徒

昔、ユダヤ教徒がイエス様のことをなぜ受け入れられなかったのかを、はっきりと知らなければなりません。そうであってこそ、私たちは今後、来られる主を迎え得る道を模索できるのです。

旧約聖書を見ると、主は雲に乗って来られるとあります。ダニエル書第七章13節を見ると、「人の子のような者が、天の雲に乗ってきて……」とあるので、その時の信仰者たちは、主が雲に乗って来られるものと思っていたのです。ですから、「雲に乗って来ない人は主ではない」と信じていたのです。

それはあたかも今日、雲に乗って来るものと思っているキリスト教徒の前に、主が雲に乗って来るのではなく、人として来て、捕らえられて苦難を受けている。二千年前、捕らえられて死んだイエス様をメシヤではないというユダヤ教徒に対して、イエス様を信じる弟子が叱責《しっせき》したのは、あたかも今日のキリスト教に対する叱責と全く同じものなのです。

このようにイスラエル民族が信じていたものと、イエス様を送った神様のみ旨とは異なっていたという事実を知らなければなりません。それから、信じられない理由として何があったのかというと、マラキ書第四章5節を見ると、「主の大いなる恐るべき日が来る前に、わたしは預言者エリヤをあなたがたにつかわす」と、メシヤが来る前に必ずエリヤを送ってあげようと固く約束しました。旧約聖書のマラキ書は新約聖書の（ヨハネの）黙示録のようなものであり、最後に預言されたものなので、そのようになるものと信じたのです。

エリヤとは、イエス様が来られる九百年前に火の戦車に乗って昇天した方ですが、天に昇っていったので再び天から降りてくるものと思って待ち望んでいたときに、待っていたエリヤは来ず、突然、もじゃもじゃ頭の若者、イエス様が現れて、「私がお前たちが長い間待ってきたメシヤだ。私を信じなさい」と言うのですから、それを信じるでしょうか。

ユダヤ教徒は、聖書のマラキ書にあるようにエリヤが来るものと思って信じるならば、億千万年たってもメシヤに出会えないでしょう。私が霊界に行って調べてみたところ、それは間違いないことなので命を懸けて宣布するのです。もし信じられないなら、事実かどうか皆さんが死んでみてください。レバレンド・ムーンがうそをついたか、死んでみれば分かります。ユダヤ教徒は、二千年前に来られて逝《い》ったイエス様を受け入れなかった歴史的な罪を悔い改め、今からでもイエス様を受け入れなければならないと私は宣言するのです。

これを今日に例えて言えば、天変地異が起きて主が雲に乗って来られるものと信じているのに、一人の青年が堂々と現れて、「私がお前たちキリスト教が二千年間、願ってきた再臨主である」と言えば、それを信じますか。この地上に神様のみ旨を成し遂げるために、万民の前に遣わされたメシヤは、ユダヤ教徒が従わなかったことにより、私たちの知らない中で死んでいった恨めしい歴史があるという事実を知らなければなりません。

キリスト教徒たちに、「イエス様は何をしに来ましたか」と尋ねれば、「万民を救うために来ました」と答え、「どのようにして救おうとして来ましたか」と尋ねれば、「十字架に釘《くぎ》打たれ、救うために亡くなられました」と答えるでしょう。それならば、キリスト教は再臨主が来るのを望んでいますが、キリスト教が滅んで駄目にならせるために、主が来られるのを願うのでしょうか。栄えようとして願うのです。

イエス様に従えなかったユダヤ教が恩恵を受けましたか。信じていたなら天理の恩恵を受けたはずなのに、信じないでイエス様を殺したことによって二千年間、国のない、さすらう孤独な旅人の身であったという事実を私たちは知らなければなりません。世界の人を救うことができ、本来の神様のみ旨を成し遂げ得る、その中心存在を殺したのですから、これほど大きな罪はありません。

四千年間準備した民が、もしエリヤが先に雲に乗って来たとするならば、イエス様を捕らえて殺せるでしょうか。殺さないのです。神様が歴史的旧約時代に、このように摂理をされましたが、新約時代にはこのように摂理をしないという保障がありますか。旧約聖書にも、「雲に乗って来る」という箇所と、「エリヤを遣わしてくださる」という箇所と、「人として来る」という箇所があります。そして新約聖書にも、ヨハネの黙示録第一章7節を見れば、間違いなく雲に乗って来るとあるのですが、テサロニケ人への第一の手紙第五章2節を見ると、盗人がくるように来るとあります。両面の預言があります。あのように来るとも言い、このように来るとも言うのです。

ところが自分の都合のよいように、雲に乗って来るということは信じて、盗人が夜くるように来るということは信じないのですか。歴史的事実を推察してみて、今日私たちの置かれている立場を明らかにすることによって、私たちは将来、二度と神様のみ旨の前に罪を犯してはなりません。それゆえ「雲に乗って来ることもあり、人として来ることもあり得る」というふうに信じる人が、賢い人なのです。(七四―一四八、一九七四・一一・二八)

第五章　十字架の苦難

一、十字架の贖罪《しょくざい》と救いの限界

イエス様の死の原因

イエス様が亡くなったのは、何が原因だったのでしょうか。一番目はヨセフの家庭、二番目は洗礼ヨハネ、三番目は教会が誤ったからでした。これは悔しく無念なことに違いありません。四千年の歴史を経ながら育ててきたイスラエル民族を信じて神様が息子を送ったのですが、その息子を殺しておきながら、「死ぬために来た」と言うのですか。彼らは、それしか知らないのです。

それならば神様は、何をするために、四千年間もイスラエル民族を中心として摂理をしてこられたのでしょうか。イエス様を殺そうとして摂理されたのでしょうか。生まれながら死んでもイエス様はイエス様であり、また神様の息子になるのに、何のために三十歳にもなってから、成人になってから、やかましく大騒ぎをして、追われて死ぬようにされたのでしょうか。

生まれて何もせず、そのまま死ぬようにしたらよいのに、赤ん坊の時では救い主にはなれないのでしょうか。これはいくらでも理解できることなのに、それを理解できずに信じている人たちがいるのですから、実に恥ずかしいことです。それでいながら、天国に行こうと言うのですか。

ここで語る先生は、それをすべて暴きました。イエス様が死ぬことになった一番の原因とは、どこにあったのでしょうか。ヨセフの家庭にありました。イエス様はこの地に、何を探し出すために来られたのでしょうか。家庭を探し出すために来られたのです。イスラエルの国は平穏な中にあったとしても、ヨセフの家庭だけはイエス様を中心として天の国を立てていかなければならなかったのです。そうしてこそ、イエス様が新郎として新婦を迎えることができたのです。

本来神様は、夫は天国に行き、妻は地獄に行くように創造されたのではありません。創造当時の理想の主人公たち、すなわち父と母と息子と娘が氏族を成し、民族を成し、国を成そうということでした。そうでなければならないでしょう？　ところが人間が堕落したので、地獄ができてしまったのです。

このような天倫のみ旨に対してこられたイエス様は、神様が送られたみ旨を成し遂げ得る真《まこと》の家庭をこの地でもつべきであって、霊界に行ってもつのではありません。

イエス様が十字架で亡くなるようになれば、数多くの弟子たちも十字架で血を流すようになっているのです。ですから天国とは、そのように血を流して死んだ弟子たちを抱いて入れる所ではありません。この地上で自分を信じて従う弟子たちに、血を流させて救うのが本来の救いの目的ではありませんでした。もとより、そのようなことをすべきだったイエス様ではなかったのです。（一六一―二二二、一九六五・一二・二六）

氏族から無視されたイエス様

もし教会がイエス様に従わなくても、教会の中心となる氏族が従えば、イエス様は死なないのです。道理がそうではないですか。教会が従わず国が従わなくても、イスラエルの国の中心であり、ユダヤ教の中心となるヨセフの氏族が従っていたならば、イエス様は死なないのです。教会と国が責任を果たさなかったとしても、氏族圏内でイエス様の家庭的土台を準備していたならば、外的にはヨセフの家庭の一派を中心としたカイン一族が現れ、内的にはイエス様を中心とした新しい天の一族が誕生したはずではないでしょうか。

そうなっていれば、イエス様の相手である新婦も決定され、イエス様の願いである四位《よんい》基台を築き得る息子、娘をもち、家庭での父の立場も決定されていたことでしょう。また、イエス様が年を取っておじいさんになれば、孫ももったでしょう。そうなればイエス様の一族ができたはずではないですか。

ユダヤ教が反対し、イスラエルの国が反対しても影響を受けないのです。これさえ一つになれば、イエス様が死んでもイスラエル教団の中心に立つようになるのです。また、教団の中心に立つのはもちろんのこと、イスラエルの国を収拾するようになるのです。そうなっていれば、今日、キリスト教に悲運の歴史はあり得ないという結論が出るのです。イエス様の前に十字架の道はあり得ないのです。

今日までの二千年の歴史はすべて、イエス様を殺したことに対する蕩減《とうげん》歴史です。蕩減路程を経ずしては、歴史を発展させることはできないのです。個人復帰、家庭復帰もみな、イエス様の所願成就がなされなかったからするのです。その基盤を世界的に開拓しなければなりません。イエス様の願いを成し遂げてさしあげるためには、必ず死の代価を払わなければなりません。イエス様の願いの基盤が霊的にだけ立てられたので、死の代価を払わなくては範囲を広めて世界の舞台まで行くことができないのです。（三八―一〇四、一九七一・一・三）

ゲッセマネの園での祈り

イエス様はユダヤの国を越え、ローマに行く道をはっきりと見つめられたのです。「もしユダヤ教がイスラエル民族と一つになったら、ローマは私の手に入ってくる」と思いながら、見つめられたのです。死んだイエス様は、四百年間かかってローマを征服しましたが、神様の息子として来られたイエス様が生きておられたとすれば、ローマが問題だったでしょうか。イスラエルを基盤として、ローマを征服することができたイエス様だったのです。これが私たちの原理であるがゆえに、そうならざるを得ないのです。

イエス様が二十歳になるころ、イスラエル民族はだんだんと疲弊していきました。ローマの圧政下に苦しんでいたのです。このように将来の希望がすべて遮られ、たそがれの道をたどっていくイスラエル民族を見つめるとき、イエス様は言うに言えない民族に対する愛に燃えました。イスラエルを前に、民族に対する愛ゆえに泣きながら、神様の前にどれほど訴えたことでしょうか。イスラエル民族は、そのようなことを知らなかったのです。ですからイエス様は、時がたてばたつほど、だんだんと焦りを感じるようになりました。

イスラエルの主権者が、イスラエルを統治して動かすべきであるという信仰をもったイエス様は、ユダヤ教を踏み越え、さらにはローマまでも踏み越えなければならないことを知っていました。イエス様は新しい人生観と新しい世界観、そして新しい理念を中心として、ローマを一度に片付けてしまうことができたのです。

四千年間、神様が苦労して準備されたイスラエルが、家庭と民族と教団が一つになれなかったので、イエス様の心の中にできた怨恨《えんこん》は大きかったのです。イエス様は自分の立ち得る土台がないことを嘆きました。

ユダヤ教は誰を待ち、探し求めなければならないのでしょうか。それは神様が送られた人ではないでしょうか。歴史的に数多くの先祖たちが、犠牲の供え物となって死の道を行きながら築いてきたその土台というのは、イスラエルを幸福の土台にするためのものではなかったのでしょうか。そのような民族がメシヤである自分のことを知らないのですから、それを見つめるイエス様の心情は、どれほど孤独で悔しかったかということを知らなければなりません。

イエス様は民族を愛する心が大きければ大きいほど、いらだちを感じる反面、神様がどれほど哀れな方かということを知ったのです。そのような立場でも神様を恨まず、神様を抱き締めて孝行の道理を果たそうとしたイエス様の切なる心情を知らず、四方八方どこにも彼を引き止めてくれる人はおらず、目の前に現れるものはすべて、かえって神様にとって悲しみとなるものばかりだったのです。

そのような悲しみを抱いて、神様を慰めてさしあげなければならないイエス様の事情は、どれほど不憫《ふびん》なものだったでしょうか！　またユダヤ民族の前で追われるイエス様を見つめられる神様は、どれほど悲しまれたでしょうか！　イエス様は、そのようなことを考えて痛哭《つうこく》せざるを得なかったのです。

イエス様はこの地に責任を負って、行くべき最後の運命の道が迫ってきたことを思い、ゲッセマネの園に行って神様の前に、「わが父よ、もしできることでしたらどうか、この杯をわたしから過ぎ去らせてください。しかし、わたしの思いのままにではなく、みこころのままになさって下さい」（マタイ二六・39）という祈りを捧げました。この時のイエス様は、自分自身が生きるか死ぬかは問題ではありませんでした。自分が十字架の露となって犠牲になることが恨みになって神様に祈ったのではなく、神様が四千年間、イスラエル選民を探し立てるために苦労なさったことを思って祈られたのです。

苦労の道、苦難の道を歩みながら、長い間、イスラエルのために泣きながら、苦難の道を歩んでこられたその過程が、今や自分が死ねばすべてばらばらに崩れていってしまうことを知っていたイエス様は、神様が苦労された歴史的な悲しい事情を抱いて泣かれたことを知らなければなりません。

自分が死ねば、イスラエル民族が神様の前に逆賊になってしまうという事実を知っているイエス様は、死ぬ瞬間にもイスラエル民族を見つめられて、「父よ、彼らをおゆるしください」と祈られたのです。（一六一―三七、一九六五・一二・二六）

イエス様の十字架は第二次の摂理

イスラエル民族の前にメシヤが来た目的は、サタン圏をたたきつぶして人類を神様の前に取り戻すことでした。それにもかかわらず、サタン主権と人類をそのまま残して十字架の道に行くイエス様は、ゲッセマネの園で血のにじむ闘争の祈祷を捧げざるを得なかったという事実を皆さんは知らなければなりません。

イエス様は自分の意思で十字架に行く場合には、四千年間準備したイスラエルの国が滅び、ユダヤ教徒が滅び、洗礼ヨハネや彼の使徒たちが天に負債を負うことをよく知っていたので、談判祈祷をせざるを得なかったという事実を知らなければなりません。

イエス様は肉と霊を中心として、霊的世界はもちろんのこと実体世界でも、神様の王権を回復するために来られました。ところがイスラエルの国の土台がなくなり、ユダヤ教の土台がなくなって、イエス様一人ではできないので、十字架で死んででも第二次の希望の道を開拓せざるを得なかったのです。国が反対し、教会が反対して、十字架に行く道しかなかったので、神様もやむを得ずひとり子を十字架に差し出さざるを得なかったのです。

その四千年の基盤の上に送ったメシヤが十字架で亡くなったことは、神様の絶対予定の中で死んだのではありません。サタンに引きずられていき、十字架で亡くなったのです。十字架はすべてを失った立場であることを知らなければなりません。国を失い、教会も失い、洗礼ヨハネも失った立場です。そこは十二使徒もみな裏切った立場であり、その後、右の強盗までも死んでいった立場であることを知らなければなりません。誰一人としてイエス様の味方に立った人や、天の側に立った人がいない、すべてを失ってしまった立場だったことを知らなければなりません。（七三―二二〇、一九七四・九・一八）

民族と教団を失ったイエス様には、これを再び収拾すべき二次的な路程が残っていました。その二次的な路程を行くためには、神様が四千年間苦労された内的な因縁と、教団と民族に残った外的な因縁を決定しなければなりませんでした。このような使命がイエス様にあるにもかかわらず、彼の弟子たちはそのことを全く知りませんでした。その無知な者たちに何が分かるでしょうか。イエス様が、「わたしには、あなたがたに言うべきことがまだ多くあるが、あなたがたは今はそれに堪えられない」（ヨハネ一六・12）と語られるとは、どれほどもどかしかったことでしょうか。これは、どれほど物悲しい言葉でしょうか。

イエス様の行く道は、民族の前に追われる道であり、苦難の道であり、迫害の道であり、イスラエル民族を再創建する道でした。神様がイスラエルの国を立て、ユダヤ教団を立てるために四千年間苦労されたその苦労を、短期間のうちに条件だけでも備えて蕩減《とうげん》すべき責任が残っていたにもかかわらず、栄光ばかりを望む弟子たちしかいなかったのです。

ですからイエス様は、やむを得ず一人で天と地と歴史的な因縁に責任を負い、十字架の前に向かったのです。その地上に立てた民族が責任を果たせなかったこと、立てた弟子たちが責任を果たせなかったことを代わりに責任を負おうと踏み出した歩みが、ゲッセマネの園からゴルゴタの山頂までの歩みであるということを、私たちは知らなければなりません。

十字架にかけられていたイエス様の悲しみが、どれほど大きかったかを考えなければなりません。イエス様が亡くなる直前に、全地に暗闇《くらやみ》が臨みました。イエス様が十字架にかかって、「わが神、わが神、どうしてわたしをお見捨てになったのですか」（マタイ二七・46）と言われました。神様に捨てられたのです。どれほど悲惨でしょうか。

四千年間それほどまでに摂理を率いてこられながら、天の国がこの地に立てられることを待ち焦がれて送ったメシヤが亡くなるその時間は、神様までも十字架から顔を背けなければならなかったのです。神様の王子として来たイエス様が、どうして「わが神、わが神、どうしてわたしをお見捨てになったのですか」という、悲運の言葉を残さなければならなかったのでしょうか。これは人類歴史の汚点です。歴史的汚点なのです。

今日、世界中に散らばる数多くのクリスチャンたちが行くべき道とは、どのような道でしょうか。イエス様がゴルゴタの山頂で残された恨《ハン》を清算するために、涙と血と汗を流さなければならないのです。イエス様が十字架を背負ってゴルゴタの山頂に登るとき、その後ろをついてきた女性たちが涙を流すのを見て、「わたしのために泣くな。むしろ、あなたがた自身のため、また自分の子供たちのために泣くがよい」と言われました。

もっともな言葉です。「私の涙は人類に残る。私が行く十字架の道は、これで終わるわけではなく、歴史的な十字架の道になる」ということを予告なさったのです。「私が個人的に行くならば、私の責任は終わるが、私が行ったのちにあなたたちの責任は残るのだ」というのです。したがって個人的な責任、家庭的な責任、氏族的な責任、民族的な責任、国家的な責任、世界的な責任、天宙的な責任が残っているので、その責任を果たすためには今後、数多くのキリスト教徒たちが涙の道、十字架の道を行かなければならないというのです。

そのような大変な十字架を背負って行くイエス様は、歴史を探り、世界を探り、あるいは過去を悔い改め、時代を批判しながら、審判の一基点を残さなければならない悔しい立場にあっても、苦労なさる神様をこの地に迎え得る一つの土台を準備するために、厳粛に黙々とゴルゴタの山頂まで行ったことを知らなければなりません。

イエス様が十字架上で、「わが神、わが神、どうしてわたしをお見捨てになったのですか」と言ったその言葉は、自分個人だけを中心として言ったものではなく、この上なく大きな使命を帯びて来たメシヤとして言った言葉なのです。「私は捨てられても構いません。しかし私と共にした数多くの人は捨てないでください」ということなのです。ペテロを捨てず、洗礼ヨハネを捨てず、十二弟子を捨てず、イスラエルの国を捨てず、今後やって来る数多くのキリスト教徒を捨てないでほしいとお願いした言葉なのです。これがイエス様の歴史的な最期の一言だったのです。(一四―二二七、一九六四・一二・二七)

十字架で亡くなったその立場は、すべてを失った立場

それならば、いつ十字架で亡くなることを決定したのでしょうか。ルカによる福音書第九章30節には、「すると見よ、ふたりの人がイエスと語り合っていた。それはモーセとエリヤであったが、栄光の中に現れて、イエスがエルサレムで遂げようとする最後のことについて話していたのである」とあります。変貌《へんぼう》山上で決定したのです。

なぜならユダヤ教が反対し、イスラエルの国があのようになり、洗礼ヨハネまでみな反対する立場に立ったので、もはやみ旨を成し遂げる土台はすべて崩れてしまったのです。それゆえ、神様もやむを得ず二次的摂理を中心として、霊と肉を中心に地上天国と天上天国を完成しようとするみ旨を捨てて、肉的世界は切って霊的救いの世界のみを立てるために十字架の道を与え

たのです。もし彼が十字架で亡くならなければ、（霊肉）両面共に失ってしまうのです。やむを得ず一つの分野でも残すために、イエス様を十字架に渡さざるを得なかったということを皆さんは知らなければなりません。

もし洗礼ヨハネとユダヤ教徒とイスラエル民族がイエス様を信じていたら、どうなったでしょうか。イスラエル民族は、イエス様と一つになって団結していたでしょう。そうなっていたら、そのときにアラブ圏までイエス様と一つになるのです。そうしてローマに対抗し、四十年以内にローマを天の側にすべて引っ張り込んだのです。死んだイエス様が、四百年でローマを征服したのですから、生きたイエス様を中心とすれば、四十年以内に天の国の憲法を宣布するのです。

そうなれば、今日のプロテスタントとかカトリックとかはないのです。すべてイスラエル民族の立場としてみ旨が成就していくのです。そのようになっていれば、イスラエル民族はあのように中東で悲惨に滅びなかったはずであり、キリスト教徒たちが悲惨に血を流さなかったという結果になっていただろうと思います。王権を統一して、キリスト教が世界を動かせるようになるのに、誰が捕まえて殺すでしょうか。

そのようになっていれば、世界は既にイエス様の意のままに天の国ができていたのです。世界は一つになっていたのです。主が再び来る必要もないのです。何をしに来るのですか。キリスト教はこのことを知らなければなりません。

それゆえイエス様が十字架で亡くなったその立場は、神様とイエス様がすべてを失った立場であることを私たちは知らなければなりません。十字架は神様の勝利ではなく、悪魔サタンの勝利なのです。神様の息子を捕らえて釘《くぎ》付けにした立場なのです。

それゆえ十字架でイスラエルの国を失い、ユダヤ教徒を失い、世界の歴史を失い、使徒たちをみな失ったのであり、最後には右の強盗までも死んでいなくなったのです。そこにはキリスト教がありません。キリスト教の出発はないのです。すべてを失ってしまったのです。（七〇—三二四、一九七四・三・一〇）

ゴルゴタの友となるべきだったペテロと十二弟子

イエス様が死ぬときに抱いたその悔しさとは、何だったのでしょうか。選ばれたユダヤ教がイエス様の胸を痛め、選ばれた民がイエス様を釘付けにしたのです。これが悔しく恨めしいことでした。このようなイエス様は、自分の悲しみが大きかったけれども、四千年間、血の涙の祭壇を築く過程を歩んでこられた神様の事情を考え、四千年間選んで育ててこられたユダヤの民であることを考えるとき、自分の死も忘れて彼らのために祈ることができたのです。

もしイエス様が手を挙げて祈れなかったならば、ユダヤの国が先に審判を受けたはずであり、ユダヤ教徒が先に審判を受けたはずです。死んでいく自分の足跡を追って越えてくることを願いながら、恵みを与えて逝かれたイエス様であることを知らなければなりません。

イエス様の血と肉と共に動くべき群れが正にユダヤ教徒であり、ユダヤの民でなければならなかったのですが、それができませんでした。ゴルゴタの友にペテロがなり、十二弟子がなっていたら、天の恨《ハン》はなかったはずです。そうなっていたなら、イエス様は死ななかったはずです。もし十二弟子が団結して、イエス様の死に対して共に死のうと思っていたなら、奇跡が起きていたことでしょう。そうなっていれば、イエス様は死ななかったのです。

ところが三十三年間、選ばれた民族を見つめて悲しまれたイエス様、三年の公生涯の期間に、この地の人類のために泣かれたイエス様、そのイエス様に希望をかけた民族はどこへ行ったのでしょうか。期待していた教会は、どこへ行ったのでしょうか。三年の公生涯の期間に、喜怒哀楽を共にしながら従っていた弟子たちは、どこへ行ったのでしょうか。彼らは自分たちがうれしく楽しいときには、「私はイエス様の友であり、イエス様の弟子である」と言いました。誰よりもイエス様の立場に立とうとしました。しかし最後に至っては、イエス様の行く道とは何ら関係のない立場に立ったのです。

だとすれば、イエス様の恵みは誰が受けたのでしょうか。付き従っていた十二弟子でもなく、天を信じていたユダヤ教徒でもなく、祝福され選び立てられたイスラエルの民でもありませんでした。十字架上で共に血を流しながら死んでいった右の強盗が歴史的な祝福を受けて、一番弟子よりも先に楽園に臨みました。

この事実が悲劇中の悲劇なのです。もし殺人強盗のうち一人でも、イエス様の死の日に共にしなかったとすれば、救いの摂理は挫折《ざせつ》していたのです。殺人強盗の流れた血が、イエス様の心情に代わって、地上に福地、楽園を建設する条件を天運とともに立てることができたので、イエス様は復活して地上に再び現れ、不信した民に接することができたのです。

そしてイエス様一人を死の場において新郎として迎えた人がいたので、その基台によって善の実が必ず地上に現れることでしょう。イエス様の代わりに現れるのです。

サタンの勢力がいくら強くても、善を打つにおいて、その善の種の中身まで打ってなくしてしまうことはできないことを知らなければなりません。善のための犠牲と死の立場に立つだけではなく、その善をつかんで倒れる忠節の人がいるとするならば、倒れたその一人によって、何倍にも善が繁殖していくということを知らなければなりません。これが鉄則です。

その当時、反対した人々は、イエス様を十字架で処刑すれば滅びるものと思っていました。イエス様に従う群れが一人もいなかったので、サタン圏では、すべて奪ったものと思ったのです。ところが死んだ右の強盗を条件として、復活の役事を起こしたことを、今日のキリスト教

徒は知らずにいます。（四—三四六、一九五八・一〇・一九）

二、十字架の贖罪《しょくざい》を中心としたイエス様の心情と事情

父を慰められたイエス様

イエス様は宇宙的な使命をもってこの地に来られましたが、一生の間、苦難を受けられました。しかし、その悲しみのために祈るのではなく、かえって心を痛めて心配なさる父を慰められました。そうしながら地を眺めて、人間の無知を容認してあげるために苦しまれたイエス様だったのです。

しかしイエス様の生涯は、三十余年の涙の生涯にだけ終わったわけではありませんでした。彼は神様の代わりに苦労をしてきたので、死のうが生きようが父のみ旨だけを栄光となるようにしてあげようという思いをもって生きました。イエス様は神様がたとえ分かってくださらなくても、地上の人間が分かってくれなくても、そのようなことにはかかわりなく、み旨のため

に生きられたのです。

み旨を完全に成し遂げようとして来られたイエス様でしたが、十字架に亡くなることになったからといって、腐心や失望はしなかったイエス様でした。死の場まで行っても、イエス様は自分について弁明しませんでした。ピラトの法廷を通過し、ゴルゴタの山頂を経て十字架に釘《くぎ》付けにされて亡くなる立場まで行きながらも、イエス様は弁明しなかったのです。弁明しなかった主人公でした。

人間があのように反対するのも、自分の責任であると感じられたイエス様でした。イエス・キリストを信じている私たちは、誕生されたイエス様から、生きられたイエス様を経て、逝かれたイエス様の友とならなければなりません。

イエス様は何と友になったのかというと、生と友にならず、死と友になられた方でした。歴史過程で数多くの人々が死の道を行きましたが、万民の死に代わって死の友になり、万民に代わって亡くなった方は、イエス様だけだったのです。

それゆえキリスト教というのは死と犠牲の宗教であり、キリスト教の真理は死に勝つものです。またイエス様の活動は、自己の一身を破壊させることでした。その一方で恨むことなく愛するイエス様の行路だったことを、皆さんは認識しなければなりません。

イエス様は死の友だったので、死を早めるときにも死を意に介しませんでした。怨讐《おんしゅう》のために死ねる余裕の生涯を生きたことを、皆さんは知らなければなりません。

のちには十字架にかかったイエス様を、神様までもが「知らない」としました。そのときイエス様が、「わが神、わが神、どうしてわたしをお見捨てになったのですか」(マタイ二七・46)と叫びましたが、これは願いが絶望に帰し、生涯のすべてが水泡に帰すかもしれないので叫ばれたのではありません。

自分の死によって、父のみ旨を成し遂げて逝けなかったことを心配して叫ばれたのです。イエス様は自分としては果たすべき責任を果たしたので、父が自分を天国に送ろうが地獄に送ろうが意に介さなかったのです。死の友になるべき立場にあったイエス様は、死ぬことに満足し、死ぬことで自分の使命を完遂しようとしたのです。

イエス様は宇宙的な愛をもって来られましたが、それを知った者はいませんでした。このように驚くべき恩賜をもって来られたのですが、いったん死の友になるために乗り出したからには、何の未練ももちませんでした。天の願いを果たすために来られたにもかかわらず、そのような存在として対してくれなくても、反駁《はんばく》したり恨んだりはしなかったイエス様であったのです。(一―三二〇、一九五六・一二・二三)

イエス様が立てられた愛の基準

イエス様は宇宙的な人生の価値を実現するために、何を打ち出したのでしょうか。イエス様は愛を打ち出しました。すなわち、宇宙的な人生の価値を天地において完結させるために新しい福音を伝えましたが、その福音の中心が正に愛だったのです。

個人が自分の一身の人生を永遠なる価値の基準に結びつけ得る最も重要なものとは何かといえば、イエス様が語られたように、人のために自分の生命を捧げられる愛なのです（ヨハネ一五・13参照）。実際にイエス様は、自分自身のための愛ではなく、人を自分以上に愛することに人生の価値基準を立てられたのです。

このように天的な全体の人生の価値を代表して現れたイエス様は、人間に自分の個体の救いのためには、人のために命を捨てることのできる愛を所有しなければならないと教えられたのです。自分のための愛よりも同僚のための愛、同僚のための愛よりも世界のための愛、世界のための愛よりも神様と霊界にいる千万の聖徒たちのためにも生きる愛をもって現れた方が、イエス・キリストであることをはっきりと知らなければなりません。

イエス様は自分の人生の価値を求めるための個体的な観念、あるいは個体的な愛をもって生きられた方ではありません。イエス様は友を愛されるときも、単にその友人関係だけで愛されたのではありません。その裏には世界の代わりに愛するという観念をもち、また神様の代わりに愛するという気持ちで愛されたのです。

このようにイエス様の愛は、一対一の関係ではありませんでした。イエス様がいかなる個人を愛したとしても、そこには神様の愛が内包されており、宇宙的な愛が内包されており、個人的な愛が内包されていたのです。これを体験する皆さんにならなければなりません。そのような皆さんになってこそ、イエス様の人生の価値を正しく知ることができるのです。

それならばイエス様は、自分の人生の標準をどの基準まで立てたのでしょうか。世界のために自分が存在するという基準を立てたのです。イエス様は自分を犠牲にしながら、友を愛するときにも、その裏には世界のために愛するという観念をもっていらっしゃったのです。

イエス様が十字架上で世界的な救いの愛の基準を立てることができたのは、個人のために死ねると同時に、全体のためにも死ねる犠牲と愛の心があったからです。このようにイエス・キリストが、愛と生命と人格の主人公であったことを知らなければなりません。単にそれだけではありませんでした。

イエス様はそのとき天に向かって、「わが父よ、もしできることでしたらどうか、この杯をわたしから過ぎ去らせてください。しかし、わたしの思いのままにではなく、みこころのままになさって下さい」（マタイ二六・39）と祈られたのです。このように死の峠を越えて、父のみ意《こころ》のままにのみ生きることを願われたイエス様であったので、神様の愛を人間に紹介することができたのです。このようにイエス様の路程には、驚くべき愛が内包されていることを私たちは知らなければなりません。

また宇宙的な生命を復帰する使命をもって来られたイエス・キリストが、人生の価値を求めるために打ち出したものとは何だったのでしょうか。それもやはり愛でした。その愛は、人間個々人のためのものではなく、世界のためであると同時に、神様のためであり、永遠なる世界、すなわち霊界にいる霊人たちのためにも生きる愛だったのです。

それならば、今や全体復帰の人生を成し遂げなければならない私たちが、一日一日の生活で神様の愛に代わるイエス様の人生の価値を実現するためには、いかなることにぶつかってもその日、その時間に感じる感情だけで対してはいけません。宇宙的な全体の性稟《せいひん》に代わったイエス・キリストの人格の代わりをしようという覚悟と決心で、すべてのことに対さなければならないのです。そのような一日一日の生活を経てこそ、世界的な人生を完結でき、永遠なる人生と関係を結べるのです。

言い換えれば皆さんの一日一日の生活というのは、皆さん自体だけに及ぶ瞬間的な生命の価値をもっているとするならば、永遠とは関係を結べないのです。それゆえ、永遠無窮なる神様の愛と関係を結ぶ生活をしなければならないのです。そのような時に、永遠なる神様が皆さんと共にあるようになるのです。

そしてイエス・キリストが、一生の間、毎日、神様と関係を結びながら生きたので、イエス様は亡くなったとしても、イエス様を通して成そうとされた神様のみ旨はずっと成し遂げられてきたのです。（二―一一、一九五七・一・六）

神様に対するイエス様の愛・忠誠・忍耐

イエス様はいくら血を流す立場、悲しみと苦痛に受ける立場、恐怖にとらわれる立場に置かれていたとしても、その中心だけは変わりませんでした。もし天の理念を引き継いで、地上に一つの不変の道を開拓する全体的な使命を担当すべきイエス様が、そのような環境で中心が変わったとしたなら、勝利的な天倫の役事は始まらなかったことでしょう。

イエス様は困難な環境、希望が途絶えた立場、サタンから讒訴《ざんそ》される立場でも、そのすべてに打ち勝って乗り越え、勝利的な天倫の道を開拓していったのです。

イエス様は、このような道を開拓するために、歴史上になかった愛を強調したのです。そしていかなる困難な環境にぶつかっても、その環境を克服するためには忍耐心をもたなければならないと主張し、罪人が悪に対して忠誠を尽くす以上に、神様のみ旨のために忠誠を尽くさなければならないと語られたのです。これがキリスト教でいう御霊《みたま》の九つの実（ガラテヤ五・22、23

参照）の根本です。愛の生活をするようになれば喜びと平和が生まれ、忍耐（寛容）を通しては慈愛と善意が生まれ、忠誠（忠実）の生活をすれば柔和と謙遜《けんそん》（自制）が生まれるのです。

イエス様は堕落圏内にいる人間のすべての悪の要素を除去するために、天的な愛と天的な忍耐、天的な忠誠を強調したのです。これらが天国の理念を達成し得る実践的な理念なのですが、今日、皆さんの心にこのようなキリストの愛がありますか。また忍耐と忠誠心がありますか。イエス様は神様の心情に代わって現れた愛の化身体であり、悲しいゴルゴタの道でも万民の苦痛を心配された忍耐の主人公であり、歴史上の誰よりも天に対して忠誠を尽くした忠誠の代表者でした。

それならば、このようなイエス様の愛、忍耐心、忠誠心の起源はどこにあるのでしょうか。これらは、イエス様自身が起源ではありません。ただイエス様は、その神様の愛を人間につなげる仲保の役割をされるのです。無知な人間を救うために来られたイエス様は、神様の愛の化身であり、神的な価値の実体でした。

それならばイエス様は、どのようにして歴史上になかった神様の愛を表すことができたのでしょうか。彼は神様とみ旨のために、そのすべての困難を克服でき、自分の生命までも捨てることができました。ですから、イエス様に神様の愛が臨むことができたのであり、歴史上初めて神様の愛を直接再現することができたのです。

イエス様はこの地に来られて、神様の愛を探し求めるとき、論理的な面を前面に出したのではありません。イエス様は、愛に対する定義や愛に対する論理を語りませんでしたが、愛の実践的な面において歴史を代表したのです。イエス様は、自分が感じることができず、行動できないことは語られませんでした。イエス様は、実践的な行動を通してのみ、神様と永遠なる関係を結べることを知っていたからです。

では、このようなイエス様の実践的な愛は、どこから生まれたのでしょうか。イエス様自身から生まれたのではありません。神様の内的心情を探ることができたので、イエス様はそのような内的心的基準を立てることができたのです。これを私たちはよく知りませんでした。

では神様の愛とは、どのようなものなのでしょうか。今日この地上の人は、千万回裏切り、変わるかもしれませんが、神様は、そのようなことはできないのです。神様の愛は永遠不変なのです。このような神様の愛の心情を人は知らなかったので、人間は互いに裏切り合って不信してきたのです。

では神様の忍耐心は、どこから生まれたのでしょうか。神様が闘争の歴史を経てこられたのは、愛を成すためでした。また悪に対して限りなく耐えてこられたのは、善の生活理念を立てるためでした。すなわち、一人の人間を立てるための変わることのない天理、法度の基準を立てて六千年を忍んでこられたのです。

神様はこのように真《まこと》のみ旨を成し遂げるために、御自身と同じ人、全体の価値に代わり得る人を探すために、人間が神様に対して忠誠を尽くす前に、先に神様が人間に対して忠誠を尽くし、限りなく忍耐してこられたのです。

したがって天倫を中心として運行なさる神様と、そのみ旨を成就するために限りなく人間に対して忠誠を尽くしてきたその事情を体恤《たいじゅつ》しなければならず、このみ旨を立てるために限りなく犠牲になってこられた神様の心情、また未来の理念を立てるために限りなく御自身を超越なさった神様の心情、限りなく与えようとなさる神様の愛の心情を体恤しなければなりません。また自分のいかなる主義、主張、自分のいかなる観念をもってしても、神様の前に立つことができないことを知らなければなりません。

無限の愛を与えるために、四千年間忍んで神様の愛を受ける者は誰だったのでしょうか。そのような者は、イエス様しかいませんでした。これを知っているイエス様は、孤独なときもその愛を感じながら、神様の前に感謝することができたのです。

そして四千年間悲しまれ、四千年間闘いながら耐えてこられた神様であることを知って、その忍耐心の価値の結果を表すことによって、サタンの前に誇り得る一人の人格者は、どこにいたのでしょうか。やはりイエス様お一人しかいませんでした。そうして自分を通して人間の行くべき道を導くことを願われる神様の願いを担い、神様に代わって忍耐し、独り天倫の道を行

かなければならなかったイエス様は、悲嘆に暮れたのです。これを知らなければなりません。（一二三四四、一九五七・八・四）

心情を吐露しきれなかったイエス様

聖書について、研究に研究を重ねるその目的とは何でしょうか。私たちの主、イエス様はどうだったのであり、イスラエル民族の救い主であるモーセはどうだったのであり、家庭的救い主であるヤコブはどうだったのであり、個人的救い主であるアブラハムはどうだったのか、ノアはどうだったのか、アダムとエバはどうだったのかを知るためです。それが正に、頭を抱えて悩む信仰の道です。

人生の根本問題は、どこで解決されるか分かりますか。今日の科学文明を通じて形成されたこの世界観を、うまく説明するところから解決されるのではありません。実証的な論理を立てて、実証的な価値を論じるところから人生の問題が解決されるのでもありません。原点に立ち返らなければならないのです。失ったものを取り戻すには、失った所に行ってこそ取り戻すことができるので、その場所に立ち返らなければなりません。

立ち返るためには、聖書のみ言《ことば》だけを通して立ち返ってはいけません。聖書のみ言の内幕に隠されている骨髄の心情を通して立ち返らなければなりません。これが道人たちの求めていくべき道なのです。

二千年前に来て亡くなられた、イエス様の心情を通して立ち返ろうというのです。そのイエス様はどのような方だったのでしょうか。四福音書に語られているそのイエス様では、あまりにも足りません。あまりにも不十分で足りないのです。話をされたイエス様の背後、言いたくても言い表せなかったその心情を知らなければなりません。

孤独な身でも、ローマを征服しようとする心情を抱いて見つめたイエス様の胸には、しみ込んだ怨恨《えんこん》の心情、罵倒《ばとう》したい心がどれほどあったでしょうか。しかしイエス様は、語ることができませんでした。一言も言えなかったのです。

本来、イエス様は、十二弟子、あるいは何千人の群衆を連れて回りながら、社会の反逆者、時代の反逆者として訴えられなければならない物悲しいイエス様ではありません。もしイエス様が世界的な反逆者として訴えられる立場に立ったとしても、全世界が動員されて殺されるような立場に立ったとしても、イエス様は死ななかったでしょう。

ところが、イエス様は路地裏を歩きながら、あっちの路地から追われれば、こっちの路地へと避けて回っていた立場で、そのみ言に、イエス様の理念と心情がすべて吐露されているのでしょうか。とんでもないことです。それをもってしては、イエス様が語られたみ言は理解で

きたとしても、言いたくても言えなかったイエス様の内密の心情は理解できないのです。(九一五六、一九六〇・四・一〇)

イエス様の悲しみと神様の悲しみ

天の恨《ハン》を解くために来られたイエス様は、幸福をもって現れることができず、自由をもって現れることができませんでした。彼は神様の前に最高に善なる立場にありながらも、罪人の中の罪人のように現れたのです。これほど悲しいことがどこにあるでしょうか。

全天上が歓喜し得る天の王子であるにもかかわらず、地上では踏まれる王子であり、迫害される王子であり、消え去っていく王子のように生きられたイエス様の悲しみ以上の悲しみはないのです。

自己の威信や自己の身の振り方、そして受けた使命を成し遂げられず、逆境にぶつかり言葉なく消え去っていったイエス様以上に悲しい者が、どこにいるでしょうか。イエス様は四千年間、天が苦労して選民に選び立てたイスラエル民族に排斥されたのです。摂理のみ旨に従わせるために、長い間愛してこられたユダヤ教団に迫害されました。

それだけではありませんでした。愛する氏族に追われ、愛する弟子に追われたのです。このとき、もしイエス様が人間的な恨をもったとするならば、彼らを呪《のろ》うことしかできなかったでしょう。民族のために来たのに教団から裏切られ、氏族や親戚《しんせき》、あるいは選ばれた者たちのために来たのに、彼らからも裏切られた立場だったのです。

このような立場でイエス様が、怨恨を抱いて彼らに対して呪おうとするなら、言葉では表現し切れない呪いとなり得たことでしょう。それにもかかわらず、イエス様はむしろ歴史路程を経てきながら、被ってきた彼らの悲しみの恨をつかみ、自分を忘れて心配しなければならなかったのです。このようなイエス様の事情を知らなければなりません。

イエス様が天国建設の王子だと思ったのですが、そうではありません。それはのちにすることです。イエス様はこの世のすべての悲しみを取り除くために、数多くの預言者や烈士が善を願い、み旨を願ってきた歴史路程の哀切な心情、身にしみた怨恨《えんこん》の心情を体恤《たいじゅつ》して現れた、歴史を代表した悲しみの王子でした。

暗闇《くらやみ》の世界で、サタンの主管下で呻吟《しんぎん》し、行き先も分からず、苦痛の中にいる世界人類に代わって、彼らのすべての荷を背負わなければなりませんでした。内的には悲しみの心情に責任を負い、外的には苦痛の荷に責任を負い、これをサタンの前で解決し、天の前に勝利の土台を立てるべき悲しみと苦痛の王子だったのです。

そしてそのようなイエス様がこの地に来られて、人間のためにそれほどまでに悲しみと苦痛の中で生きる姿を見つめる神様の心情は、イエス様の悲しみ以上、イエス様の苦痛以上、イエス様が感じる恨めしさ以上の恨《ハン》に徹していることを知らなければなりません。(六一二四六、一九五九・五・二四)

従順の道理を教えられたイエス様

この地上で権勢を握っていたサタンは、神様の栄光を自分たちで享受してきたのであり、また神様が主管すべき人間を主管してきました。このように人間は、サタンの圧迫のもとで生きてきたのです。ですからイエス様は、この地に来られて、まず反対する人よりも、人をしてイエス様に対して反対させる霊的なサタンと対決しなければなりませんでした。このような闘いからキリスト教の歴史が始まったことを知らなければなりません。

ではサタンの本質と対決するために現れたイエス様は、彼の生活圏内において、まず何を表示して現れたのでしょうか。サタンができないことをしなければなりませんでした。このような責任を完遂するために、彼が生活圏内で実践的な行動を提示したのが、今日のキリスト教の福音なのです。

み言《ことば》も、彼の心も、彼の生活も、彼の生涯も、彼の死までも、サタンができない条件を探し立てるためのものでした。このようなイエス・キリストの生涯路程を皆さんは知らなければなりません。天理法度が厳然としてあるので、言い換えれば、法度を中心としてすべてを治める神様がいらっしゃるので、イエス・キリストは、この天理法度によってサタンを分立したのです。

サタンの本質は、驕慢《きょうまん》と血気です。このような性質によってこの世の人に対するサタンでしたが、イエス様は温柔と謙遜《けんそん》によって、この世の人の前に現れたのです。

イエス様は、愚かさから、温柔、謙遜な立場に立ったわけではありませんでした。どこの誰よりも最高に高くあり得る栄光を享受することができたのですが、イエス様はこれをすべて捨てて、温柔、謙遜な立場に立たれたのです。サタンは、このようなイエス・キリストと対決し闘おうとしましたが、サタンには、神様の前に屈服しなければならない条件があることを知っていたので、イエス様は最後まで温柔、謙遜であられたのです。それで、サタンの本質である驕慢と血気とは反対の温柔、謙遜をもって現れたのです。

また、厳然として天理法度があることを知っているサタンなので、ついにイエス・キリストを認めるようになったのです。すなわち言うなれば、温柔と謙遜をもって進めば、サタン世界も自然屈伏するのです。このような原則を知っていらっしゃるイエス様は、サタンができない温柔、謙遜の立場を取ったのです。このように温柔、謙遜な立場に立ってこそ、中心を通して役事する神様に行く、新しい道を開拓し得ることを皆さんは知らなければなりません。

また、イエス様は何を見せてくださったのかというと、従順と服従です。従順とは応じ得る環境で命令に従うことであり、服従とは応じられない環境で従うことです。イエス様は、不信する人々にこのような従順と服従の道理を教えてくださいました。これもまた、サタンの本質、サタンのすべての生活的な要素を遮るためのものです。

サタンは自分を中心として、人がどうしようと関係しない存在です。これがもう一つのサタンの本質です。それゆえ、サタンのあとを追えば、不幸になるのです。それでイエス様は、すべての人間が自分を信じ、自分に従順に従い、天に従うように教えられたのです。人々は、そのようなイエス様のみ意《こころ》を知らず、かえってイエス様のことを神様のみ旨の前に不義なる人だと思いました。このような立場で、言葉では表し難い蔑視《べっし》と迫害を受けながらも、イエス様は従順の道を開拓していったのです。

またイエス様は、犠牲と奉仕の精神をもって現れました。実際のところ、天の栄光に代わって、神様のひとり子としてこの地に来られたイエス様は、万民と万物、サタンまでも主管し、彼らの犠牲と奉仕を受けるべき立場でしたが、その反対の立場に立たれたのです。サタンがイエス様御自身の前に従順に従い、奉仕し犠牲になるようにするために、すなわちこのようなサタンのすべての勢力を屈服させるために、イエス様は、無限の犠牲と奉仕の供え物を捧げる路程を歩まれたのです。これを知らなければなりません。

サタン世界は、人に対してもあるいは被造物に対しても、無限に利用して搾取しようとするのですが、イエス様はその反対の立場を取りました。このようにサタンができない生活をイエス様は代表的にしたのです。すなわち、温柔、謙遜《けんそん》であり、従順に従い、服従し、犠牲と奉仕の生活をされたのです。ですからサタンも、そのような面では屈服しなければなりませんでした。

我々は自分を、イエス様が教えられた温柔と謙遜、従順と服従、犠牲と奉仕に照らしてみて、彼の教えを自分の生活圏内で実践できていないと思うならば、いまだにサタンの一族であることを悟らなければなりません。(三一—一八七、一九五七・一〇・二七)

三、イエス様の十字架での愛とその遺産

民主、共産、イスラーム圏に分かれた背景

イエス様を中心として見ると、右の強盗と左の強盗、バラバがそれぞれ種を蒔《ま》きました。歴史がこのように蒔かれ、蒔いたとおりに刈り入れられるのです。最初に現れたのが、右の強盗型と左の強盗型である右翼世界と左翼世界、すなわち民主圏と共産圏です。その次に現れたのが、イエス様の十字架を中心として登場したバラバ型であるイスラーム（イスラム教）圏です。イエス様によって恩恵を受けられるようになったバラバ型のイスラームは、キリスト教の旧約を中心として出発しました。

このように蒔かれた歴史は、世界の形態が三大陣営に結束する時代の運勢に入るようになりました。アラブ圏のナセル（一九一八～一九七〇、元エジプト大統領）は、イスラーム圏を統合してア

ラブ統一国家を夢見ました。それに備えてキリスト教は今、「すべての宗教を統合しよう」という世界的な新しい趨勢《すうせい》に入りつつあります。このような世界的な傾向を見つめるとき、悲運によって植えられた歴史が、ついに神様を中心とした善の結果として現れていることが分かります。

歴史の終末時代になれば、これが露骨になり、初めに蒔かれたものをこの時に結実したそのままの形で刈り入れられるようになるのです。これは摂理の法度によって現れざるを得ない、不可避的な傾向なのです。

民主世界が内的ならば、共産世界は外的です。右翼が内的ならば、左翼は外的なのです。それゆえ、今後メシヤは、神様を尊重する民主世界の内的基盤の上に来られて、外的な環境圏を吸収して、キリスト教文明圏を中心として統合する運動をしなければなりません。最後には、このような運動が起きるのです。このようなことは、偶然とばかりは言えません。そのような動機が植えられたので、そのような結果がもたらされたのです。（二〇―一七一、一九六八・六・九）

右の強盗の功労

十字架で亡くなったイエス様について見ると、殺人強盗である右の強盗がイエス様と共に逝きました。もし右の強盗がその場にいなかったとすれば、イエス様は地に対して、人間に対して関係を結べる何の因縁もなかったでしょう。けれども右の強盗が死ぬ立場でイエス様の味方に立って、イエス様を擁護しました。人間歴史においてイエス様の味方になった最後の人は誰でしょうか。ペテロでもなく、イエス様の親でもなく、イスラエルの国でもなく、ユダヤ教でもありませんでした。ただ一人、右の強盗でした。

死の場で自分の事情を通告し、死を越えて全面的にイエス様の前に希望をかけた、ただ一人の人がいたのですが、その人が右の強盗なのです。もし右の強盗がいなかったとしたら、イエス様が再び復活して、地上の摂理の因縁を再開させることはできないという事実を皆さんは知らなければなりません。

四千年の歴史を締めくくり、三十年余りの生涯を締めくくるその場において、人間が初めて一つの生命でもイエス様と因縁を結び死の道を共にしながら、そこでイエス様を希望の主体として迎えることのできた人が右の強盗でした。彼が中心になっているという事実は、彼が使徒たちよりもましだということを物語っています。ペテロよりもましなのです。

なぜなら右の強盗は、内容は知らなかったとしても死ぬ立場で命が尽きるまで、イエス様に侍り得る方向性を備えました。しかしペテロやヤコブのような十二使徒は、内容を知り方向性を備えると誓った者たちでありながらも、方向性を備えられませんでした。それゆえ右の強盗が、人類歴史上において地に代わって、未来を再起させ得る中心的な存在になった事実を、皆さんは知らなければなりません。（五〇―二〇一、一九七一・一一・七）

死の場で唯一の新婦の立場に立った右の強盗

イエス様の時代において、どちらがカインで、どちらがアベルでしょうか。国について見れば、イスラエルがアベルでありローマがカインです。本来イスラエルの国とイエス様が一つになっていれば、ローマを四十年間で屈服させることができました。死んだイエス様が四百年で屈服させたのを見ると、イエス様が生きていらっしゃるときに一つになっていたら、四十年で完全に屈服させて征服したはずなのです。しかしイスラエル民族は、イエス様と一つになれなかったので、これを成し遂げられなかったのです。

イスラエルの国が反対すれば、ユダヤ教がアベルになり、イスラエルの国はカインになるのです。またユダヤ教が反対すれば、ユダヤ教がカインになり、イエス様の氏族がアベルになるのです。しかしその氏族も反対することによって、イエス様の氏族がカインになり、イエス様の家族がアベルになるのです。ところが、家族たちまでも反対しました。

ではカインとアベルは、どこで探さなければならないのでしょうか。カインとアベルを復帰しなくては、イエス様の立つ位置がありません。父母の位置に上がることができないのです。これは原理原則なので否定できません。

イエス様の親や兄弟姉妹もイエス様を捨て、また十二弟子、そのうち三弟子までもがみなイエス様を捨てて逃げてしまいました。イエス様が十字架で亡くなるとき、イエス様を中心として右の強盗と左の強盗が争いました。このみ言《ことば》をよく聞かなければなりません。イエス様は父母の立場なので、イエス様を中心としてカインとアベルを復帰しようとすれば、カインの立場にある人がアベルの立場にある人に屈服しなければなりません。ここで右の強盗はアベルの立場であり、左の強盗はカインの立場です。

そうして十字架にいるイエス様を前に争うのです。すなわち父母の位置を復帰できるか否かの戦いが起きたのです。まず左の強盗がイエス様に向かって、「おい、うわさになって大騒ぎしたと思ったら、手首に釘《くぎ》を打たれたのか。おれとどこが違うというのか。お前はキリストではないのか。それなら自分を救い、またおれたちを救ってみろ」と言って非難しました。

そのとき右の強盗が左の強盗に向かって、「おい、こいつ、おまえは同じ刑を受けていながら、神を恐れないのか。当然おれたちは死ぬべき罪を犯したのだから、それに対する報いで死ぬのだが、イエス様はその行いが正しくないものはない」と叱責《しっせき》したのです。もし右の強盗がイエス様を証《あかし》しながらここで後退していたら、イエス様は復活することができなかったはずです。

イエス様は家庭をもてなかったので、家庭的な基盤を築くことができませんでした。けれども右の強盗が最後までイエス様の味方に立って、左の強盗の陣営を押さえつけたので、アベル的な立場でカイン側を屈服させたという条件を立てたことになったのです。したがって復帰したという条件は立てたのですが、これは霊肉を中心とした復帰の基盤ではなく霊的な復帰の基盤だったのです。

そこでイエス様は、自分を証する右の強盗の立派な信仰を見て、「よく言っておくが、あなたはきょう、わたしと一緒にパラダイスにいるであろう」（ルカ二三・43）とおっしゃいました。ここで初めて霊的な世界を中心とした楽園に入ることができるようになるのです。これは霊肉を中心とした地上で起きることではありません。ですからキリスト教は、地上の楽園ではなく、霊界の楽園を中心として歩んできているのです。（二三―一七三、一九六九・五・一八）

願われた時と環境を残して逝《い》ったイエス様

イエス様は逝きました。どのようにして逝ったのでしょうか。使命をもって来られて、すべてを残して逝きました。イエス様が探し求めていたその時を残し、イエス様が見ようとしたその環境を残し、イエス様が行使しようとしたその主権を残して逝《い》ったのです。

それゆえにイエス様は、「時が来れば、比喩《ひゆ》では話さないで、あからさまに、あなたがたに話して聞かせるだろう」（ヨハネ一六・25参照）とおっしゃいました。イエス様は時について語ることができませんでした。なぜでしょうか。怨讐《おんしゅう》の前で、自分が万王の王として来たと言えば、ローマ帝国の植民地であるイスラエルが耐えられないからです。ですからイエス様は、時が差し迫っていることを感じてはいたのですが、時について語ることができず、環境を築くために戦わなければならなかったのですが、それができなかったのです。

イエス様の心情を一度考えてみてください。時を探し求めようと、どんなに全力を尽くしたことでしょう。ヨセフとマリヤの家庭で育つ時も、何度も天倫のすべてのことについて語りたかったのです。マリヤは処女として身ごもり、イエス様を生んだあと育て、乳を飲ませる時には、それでも神様の息子であることを知り、神様が選んだ貴公子であることを知っていましたが、日がたてばたつほどその心があせて、イエス様に対して普通の子のように接するようになりました。

イエス様はヨセフの家庭において、食べるべき物も食べられず、着るべきものも着ることができずに、心情の王子として働きました。しかし、その心の奥底には、時を恋い慕う心情があったのです。

イエス様は神様が許した一時のために準備し、神様が許した一つの環境のために内的にも外的にも、または人格的な分野においても備えるべきすべてを備え、自分自ら、神様あるいは万民の前に現れ得る時を待ち焦がれたのです。十二歳のときに、両親の知らない間に神殿を訪ねていったイエス様でした。しかし、エルサレムの多くの人々の前で、証《あかし》すべき彼の兄弟たちまでも、からかい、ばかにしたのです。

イエス様は今日、人々の考えるとおりの空想的な人格者ではありません。聖書にも、イエス様に対して、食べ物をむさぼり、ぶどう酒をたしなむ人であり、病人の友であり、罪人と取税人の仲間であると当時の人々が非難したというのですが、どうしてそのようなことがあり得るでしょうか。なぜそうだったのでしょうか。

それを考えると痛哭《つうこく》しなければなりません。なぜイエス様は、罪人と取税人の友になったのでしょうか。彼らとだけ友になりたかったイエス様ではなかったのです。仕方がなかったからです。

イエス様は祭司長たちが謙虚になり、自分の前に出てきてひざまずき、「あなたは万王の王であり、私たちの指導者です」と頭を下げて、敬拝してくれることをどれほど待ち焦がれたでしょうか。しかし、かえって彼らに後ろ指をさされたのです。モーセの律法を蹂躙《じゅうりん》し、神殿を汚す者だと悪口を言われました。それで仕方なく罪人の友になり、取税人の友になったのです。

四千年間、築き上げた祭壇が崩れてしまったので、やむを得ずそのような状況になったのです。当時の祭司長は、大いなる審判の時に最初に呼ばれて審判を受けなければならないでしょう。

今まで人々は、イエス様を盲目的に信じました。盲目的に「イエス様は私たちの罪のために死んだので、私たちはその十字架を信じさえすれば救われるのだ」と単純に信じたのです。しかしイエス様は福音のみ言《ことば》を伝えるとき、食べられず着られませんでした。いちじくの実を取って食べようとして、いちじくを呪《のろ》うとは、どれほどおなかがすいていたのでしょうか。気楽でのんきで、満腹だったイエス様ではありません。神様の息子の身の上が、このように落ちぶれるとは……。

時を失ってしまったイエス様でした。また環境を失ってしまったイエス様でした。居場所がなくて、あの家この家と転々としながら、マグダラのマリヤのような寡婦の家を訪ね歩きました。今日のような自然な時にそうだったのではなく、二千年前にそうだったのです。一人の女性が三百デナリにもなる香油をイエス様の足に塗って髪の毛で拭きました。そのようなことが受け入れられるでしょうか。到底考えられないことなのです。

イエス様は、どれほど残念がったことでしょうか。そのような立場にまで追い出されたイエス様の心情が、いかばかりであったでしょうか。「四千年の歴史が蹂躙《じゅうりん》されていく。ここで神様が苦労をなさり、数多くの預言者たちが血を流しながら築いてきた歴史的な土台が崩れていくところなのだ」と考えるときに、呪いたい気持ちを身にしみて感じていたのですが、口をつぐんだイエス様だったのです。

呪えば四千年間続けてこられた神様の苦労が途切れてしまうので、自分のために準備してきた土台が崩れたとしても、自分が責任を負おうとして口をつぐんだのです。イエス様は悲しく困難な立場に立つたびに、オリーブ山をさまよいながら祈られ、ゲッセマネの園をさまよいながら祈られました。これが神様の息子のすべきことでしょうか。

イエス様は、人間の幸福を約束する新しい人生観と世界観と宇宙観をその時代に固く立ててから逝かなければならなかったのですが、そのようにできたでしょうか。イエス様の人格観は、どのようなものだと明確に言えますか。漠然としています。「私がこれこれこのような理念をもってきて、この地を支配した」と語ったでしょうか。「時と環境を整理して、これこれこのように支配した」と語ったでしょうか。語ることができませんでした。まるで敗北者のように消え去ったイエス様なのです。

イエス様はこの地上に来られて、三年間語られました。しかし、その本当に成したかったみ言のうち一つも成し遂げられませんでした。三年間引っ張って歩いた弟子たちは、どうなったでしょうか。のちにみな不信しました。三年間あらん限りの精誠を尽くし、血肉を削って喜怒哀楽を共にしながら育ててきた弟子が、そのような有様でした。師は師なりに進み、弟

子は弟子なりに進んでいったのです。結局、イエス様はすべてを残して逝《い》ったのです。（九一二五九、一九六〇・六・五）

サタンを屈服させることのできる秘訣《ひけつ》

聖書を見ると、イエス様は完全に個人的、家庭的、民族的、国家的な条件を立てて、サタンと闘って勝ったでしょうか。勝つことができませんでした。イエス様の前でも屈服しなかったサタンが、イエス様を信じる人に屈服すると思いますか。六千年間、神様の前で讒訴《ざんそ》し、神様のみ旨を蹂躙《じゅうりん》し、神様の摂理を滅ぼしてきた知恵深いサタンが、イエス様を信じる人が「引き下がれ」と言ったからといって、簡単に引き下がると思いますか。

私たちには、歴史的な相続権がなければなりません。アダムからノア、アブラハム、イサク、ヤコブ、モーセ、イエス様以後までの伝統と基盤を受け継ぎ、歴史的な供え物の代わりとなった相続者にならなければなりません。そうしてサタンに、「お前は歴史的な路程の中で、ノアに負け、ヤコブに負け、モーセに負けなかったか。私は彼らの勝利の基盤の上に立っていて、摂理歴史のすべての伝統を相続したので、サタンよ！　お前は引き下がりなさい」と言ってこそ、引き下がるようになっているのです。

ただ単に「サタンよ、引き下がれ」といくら祈ってみたところで、サタンは引き下がるでしょうか。六千年間、神様の前で讒訴し、蹂躙し、復帰摂理を破綻《はたん》させたサタンなのに、イエス様を信じる者が「引き下がれ」と言ったからといって、簡単に引き下がると思いますか。とんでもないことです。

イエス様には、神様から心情を受け継いだ「相続譜」があります。四千年の間イエス様を送る時までの心情的な「相続譜」がありました。次にはイエス様の対象の「相続譜」がなければなりません。「私は、間違いなく歴史的な神様の心情を通して、神様が探し求めていた者だ。私はイエス様の聖なる体に接ぎ木された者だ」と言えなければなりません。

それでサタンに十字架上で勝つのではなく、十字架にかからずにサタンを屈服させなければなりません。それゆえ肉身をもって、実体として復活しなければなりません。このような実体の相続者として認められてこそ、この天国に行けるのです。(一三一一一八八、一九六四・三・一五)

霊的基盤だけを築いたキリスト教

キリスト教会は霊肉の地上天国を願ってきたのではなく、肉的世界を放棄して霊的救いを目標として霊的王国、霊的メシヤとしてのイエス様に仕えてくるしかありませんでした。言い換えれば、イスラエル民族は国があり、選民的国権をもつことができましたが、今日全世界のキリスト教は、第二イスラエルの霊的国家であって主権国家、国がないのです。

キリスト教徒は霊的第二イスラエル圏内に立っているので、肉的基盤をもつことができず、霊的基盤のみをもっているのです。ですから霊肉を中心とした地上天国を完結すべき神様の本然のみ旨を成就することができなかったので、主は再び来ざるを得ないという事実を知らなければなりません。

十字架の場は、神様が勝利したのではなくサタンが勝利したのです。イエス様がゲッセマネの園で、今は「やみの支配の時」(ルカ二二・53)であると宣布したことは否定できません。十字架の場は、四千年間、神様が準備した国を失った場であり、イスラエルの教会を失った場であり、洗礼ヨハネ一団と十二弟子、右の強盗などすべてを失った場であることを知らなければなりません。

十字架上には、キリスト教がなかったことを知らなければなりません。キリスト教はいつ出発したのでしょうか。死んでから三日後に復活して、四十日間、失ってしまった弟子たちに会い、聖霊が降臨したのちに出発したのがキリスト教であることを知らなければなりません。

それゆえ二千年間、キリスト教徒は十字架の道理ではなく、復活の道理によってキリスト教が生じたことを知らずに信じてきた事実を皆さんは悔い改めなければならないのです。イエス様が復活した土台の上からキリスト教が始まったので、キリスト教は霊的です。

十字架でイエス様が亡くなることが神様のみ旨を成し遂げることであるならば、ゲッセマネでの祈祷は誤ったものです。そうだとすれば、メシヤの資格はないのです。実にあきれたことです。メシヤとして一度ならず三度も、「わが父よ、もしできることでしたらどうか、この杯をわたしから過ぎ去らせてください。しかし、わたしの思いのままにではなく、みこころのままになさって下さい」（マタイ二六・39）という祈祷ができるでしょうか。

キリスト教が言うように、最初から死ぬために来られたとするならば、イスカリオテのユダに賞金をあげなければならないのです。それなのに、「その人は生れなかった方が、彼のためによかったであろう」（マタイ二六・24）と言われたみ言《ことば》をどのように解釈するのでしょうか。

イエス様自身が死ななければ、どうなっていたかというと、先ほど言ったようにイスラエルの国が延長されてそのまま残り、ユダヤ教徒がそのまま残ることを知っていました。しかし自分が十字架で死ねば、ユダヤの後代の数多くの人々が十字架の道に従って行かなければならないので、血を流さずには行くことができず、また数多くのキリスト教徒が苦労し、また主が再び来て苦労するだろうということを知っていたのです。

それゆえゲッセマネで、そのような祈祷をせざるを得なかったということを皆さんは知らなければなりません。今日キリスト教徒たちは、「イエス様は肉身があったので、死の苦痛を心配してそのような祈祷をした」と言うのですが、それはばかげた話です。

それから十字架上で亡くなりながら、「エリ、エリ、レマ、サバクタニ……わが神、わが神、どうしてわたしをお見捨てになったのですか」(マタイ二七・46)というイエス様の言葉は、どのように解釈するのでしょうか。

十字架上で亡くなりながら、「すべてが終った」(ヨハネ一九・30)と言ったのは、どういうことなのでしょうか。霊肉を中心とした使命を果たすために来たのですが、基盤のないこの地上で神様のみ旨を完全に成し遂げることができなかったので、十字架を背負ってでも霊的救いの摂理の土台を残さなければならないというみ旨を知った立場で、霊的救いの摂理の出発の基盤を築くために、自分のすべてを捧げたので「その基盤をすべて成し遂げた」と言ったのです。

神様のみ旨を成し遂げるために、サタンの国を滅亡させ、生きた立場でサタンの王権をなくして、人類を取り戻そうとされた主が、このように悲惨に死んでいったという事実を今からでも知って、キリスト教とユダヤ教は悔い改めて一つにならなければなりません。一つになって、来られる主を迎え得る準備をしなければならないのです。

真理は理論に合わなければなりません。盲目的な信仰時代を捨て、新しい世界に向かってこの世界を収拾し、救いのために全世界のキリスト教徒たちは一つに団結すべき時が来ました。それゆえ「統一」という言葉が、必要な時になったということを知らなければなりません。(七四

十字架上でも天を心配し怨讐《おんしゅう》を愛したイエス様

（一八七、一九七四・一二・九）

イエス様は教団から追われ、民族から追われました。教団の異端者として、律法の破壊分子として見られました。彼は自分の氏族に追われ、家から追い出されました。洗礼ヨハネの一団にも追われました。荒野に出ていきましたが、そこでもサタンに追われました。そこで終わりませんでした。しまいには全体が動員して、十字架の道、ゴルゴタの道に追いやられたのです。

しかし反逆者として追いやる民族のために、むしろ涙を流したイエス様でした。イエス様は、ユダヤ教団から異端者として扱われましたが、イスラエルのいかなる祭司長よりも、彼らのために血の涙を流した人でした。その時代の誰一人として、自分の味方になってくれる人がいなかったけれども、イエス様はその時代の友でした。民族の反逆者として追いやられたけれども、民族の忠臣であり、教団の異端者として追いやられたけれども教団の忠臣でした。

彼の歩みは、いかなる歩みだったのでしょうか。引き裂かれ、追われ倒れる、十字架を背負った惨めな歩みでした。その道だけだったでしょうか。無謀な悪党たちが、むちを持って追い立てる事情に処したりもしました。このような立場で、もしイエス様がエリヤのような人であれば、「父よ、ただ私だけ残りました」（列王紀上一九・10、14参照）というような祈祷をしたことでしょう。

しかしイエス様は、ゲッセマネの園で三弟子を後ろに控えさせて、「わが父よ、もしできることでしたらどうか、この杯をわたしから過ぎ去らせてください。しかし、わたしの思いのままにではなく、みこころのままになさって下さい」（マタイ二六・39）と祈ったのです。これが偉大なことなのです。自分の事情もたった一つ、自分の一身は民族の供え物であり、人類の供え物であり、天倫の供え物であることを知っていたのです。

そのようなことを知っているイエス様は、自分の悲しみも悲しみですが、天の悲しみがどれほど大きいだろうかと心配する心のほうがより大きかったのです。民族のために現れたのに、その民族に裏切られるという自分を御覧になる天の悲しみが、どれほど大きいかということを、一層心配されたのです。

イエス様は天の皇太子であり、万宇宙の主人公であり、メシヤでした。そのようなイエス様が、「惨めな十字架の運命だとは、なんということでしょうか」と嘆こうと思えば、この宇宙を動員して嘆くこともできましたが、嘆くことのできない自分自身であることを感じられたので、追われる立場に立つようになったことを面目なく思ったのです。

教団を糾合させ、民族を糾合させ、天の王国を建設して、世界を父の懐に抱かせてあげるべき責任を担ったイエス様は、その責任を果たせず十字架の道を行くことになるとき、恨むようなことは何も感じなかったのです。「この杯をわたしから過ぎ去らせてください」と祈られたのも、自分の一身の死が悲しかったからではありません。自分の一身が死ぬことによって、民族の悲しみと天の悲しみが加重されることを知っていたので、そのように祈られたのです。

イエス様は自分が十字架に倒れれば、後代の世界人類の前に加重される十字架が残され、それによって悲しみの歴史、死の道が終わらないことを知っていました。また自分がゴルゴタの道を行けば、自分に従う人々もゴルゴタの道を歩まなければならないということを知っていました。十字架のみならず、さらに困難な道が残されることを知っていたイエス様だったのです。

両手両足に釘《くぎ》が打ち込まれ、わきを槍《やり》で突きさされて血を流す立場、茨《いばら》の冠をかぶる立場に立ったとしても、これが自分で終わらないことを知っていても、イエス様は天に向かって「すべてが終わった」と言いました。その言葉は、人間の世界において十字架の道はすべて終わったということではありませんでした。十字架のために泣いて心配する心の訴えが、天に通じたということなのです。

イエス様は、数多くの預言者や烈士が天の前に犯したすべての誤りを担って天を慰労してあげるために、生きた供え物として天の前に捧げられたという事実を知らなければなりません。

それではここにおいてイエス様に対された神様の心情は、どのようなものだったでしょうか。

死んでいくイエス様のその姿、天を心配しながら十字架の峠を越えていくその姿を御覧になるとき、人間世界に悔しさがあるとするならこれ以上の悔しさはなく、天の四千年の歴史路程に悔しさがあるとするならこれ以上の悔しさはないでしょう。

しかしイエス様自身は死んでいきながら、「父よ、彼らをおゆるしください。彼らは何をしているのか、わからずにいるのです」(ルカ二三・34)と言われました。神様はすぐにでもノアの時以上の審判をしたい気持ちでしたが、イエス様が民族をつかんで死に、教団をつかんで死に、十字架をつかんで死んだがゆえに、神様は人間たちを捨てることができず、つかんでこられているのです。このような心的な因縁が後代の人間、残されたイスラエル民族と結ばれていたので、裏切る後代の人間を捨てられず、つかんでこられているのです。裏切る後代の教団をつかんでこられているのです。(六―一二七、一九五九・三・一五)

パンとぶどう酒の意味

四千年間復活の摂理を通して、救いの役事をしてこられた神様は、イエス様を復活させる摂理だけでは天上のみ旨と地上のみ旨を合わせて完結させることができないので、「新しい契約」を立てて、これで天上と地上のみ旨を合わせ、約束された本然の園を探し求める摂理をしてこられたことは、よく知っていることでしょう。

ここにおいて、イエス様が下さった杯（ぶどう酒）とパンは、正に「新しい契約」と言われました（ルカ二二・20参照）。イエス様が逝《い》かれたのちに、私たちはそのイエス様の肉と血を受けたので、これはすなわち成し遂げなければならない全体の生命の代わりであると同時に、全体の真理の代わりであることを知らなければなりません。

イエス様の血とイエス様の肉を受け取ることは、何を象徴するのでしょうか。それはイエス様一個人の肉と血を言うのではありません。大きくは天と地を意味し、小さくは中心と個体を意味するのです。また肉は真理を象徴し、血は神霊を象徴します。

これらすべてのものは、イエス様が私たちに無条件に下さいました。そのように下さったイエス様の一身は、それ自体に限定された問題ももちろん問題ですが、彼を中心として連なっている天上天下《てんげ》のいかなる存在の問題も、すべて彼の問題だったということを知らなければなりません。

神様と人間との間にふさいでいたものとは何でしょうか。天のみ旨が地上に現れ、地上での全体の状況が天のみ旨に帰結されて一つの目的に動かなければならないのに、これがふさがってしまいました。そうして愛の主人公であられたイエス様は、勝利的な天の栄光に代わって現れるその一つのみ旨を表象して、今まで苦労してこられているのです。

神様が四千年間苦労してイエス様一人を立てられたことは、天全体を所有できることと、地全体を所有できることを表象されたのでした。それゆえイエス様を信じる人は、天のすべてを所有でき、地のすべても所有できるのです。ところがそのように所有したものを自分のものとしてのみ帰結させるのではなく、所有して再び天の前に返してさしあげるべき全体的な摂理のみ旨を私たちは委託されているのです。

イエス様が「新しい契約」を立てて逝《い》かれたので、彼が亡くなった以後は霊的な世界と肉的な世界が人、すなわちイエス様に従う使徒たちを中心としてつながらなければならない条件が残されました。イエス様が亡くならなかったならば、イエス様を中心として天と地がつながったはずなのですが、亡くなることによって、イエス様は天の条件の代わりをするようになり、聖霊は地の条件の代わりをするようになったのです。(一—一五二、一九五六・七・八)

第六章　イエス様の復活と神様の願い

一、イエス様の復活と聖霊降臨

イエス様の苦痛の三日路程

イエス様が死んだのち、三日間苦痛を受けたという事実はどういう意味でしょうか。天地が死亡圏に残っていて、地獄も死亡圏の因縁をもっているので、イエス様が天地を主管するためにはこの死亡圏を下からも越え、上からも越えなければならなかったのです。それゆえ地獄のような最もどん底の境地に行って苦痛を受けたとしても、それを越えて生命の因縁を追求し、神様を慰め得る希望の道を行かなければならなかったのです。

したがって、イエス様が地獄のようなその環境を経ることによって、希望の天国に向かって再出発できる道が整えられたのであり、地上でも捨てられ、追い込まれて死の道を行きましたが、希望の道を残せたのです。それゆえイエス様が、三日路程を行かざるを得なかったのです。

このような事実を私たちは知らなければなりません。

三日間イエス様は、地獄を見物しに行ったのではありません。地獄を知らない彼ではありませんでした。そこに行って判決を下し、死亡の世界から生命の世界へと行ける道を開いたのです。そうして死亡の地獄世界であるこの地上に、勝利の基盤を築いたのであり、天国に行ける起源をつくり上げたのです。（三一―三四、一九七〇・六・七）

指導者を失った弟子たちの悲しみ

イエス様は復活されたのち、四十日間この地に聖霊を送ることを約束して昇天されました。イエス様に従った弟子たちは、イエス様の復活された栄光の姿を見て、神様の約束のみ旨が成就するものと思って喜んだのですが、イエス様は彼らにいつ再び来るのかという、はっきりとした話をされないまま昇天してしまったのです。

では当時の弟子たちの心情は、どうだったのでしょうか。愛する主を釘《くぎ》付けにした不信のイスラエル民族とユダヤ教の一団に対する、言うに言えない敵愾心《てきがいしん》が煮えくり返っていたでしょう。復活された主のみ旨、神様のみ旨ならば、身が粉となり骨が溶けることになろうとも、最後の勝利のために、復活された主に従って行こうという覚悟をもったことでしょう。

そのような覚悟、すなわち主が去っていかれたのちに、天に対して切に敬い慕ったその心、死ぬようなことがあっても、あるいは困難な十字架の道が遮られていたとしても、この道を打開しなくてはならないという覚悟をもって、弟子たちはあの人この人に対するたびに、お互いに激励し合ったことでしょう。それでこのような心情に徹していた弟子たちにイエス様は現れて、聖霊を送ってあげることを約束されたのです。

その後、マルコの屋上の間に集まった百二十人の門徒は、背後で天が役事するという想像もつかない体験をしてから、歴史的なすべての摂理のみ旨を抱くことができ、またイエス様の三十年の私生涯路程と三年の公生涯路程で感じた内的心情を体恤《たいじゅつ》し得る段階に入るようになったのです。

そうして彼らは、イエス様を裏切ったという罪責感に浸らざるを得なかったし、この地に来られたあのイエス様は、自分たちがあのように対してはならない天のひとり子であったことを悟るようになったのです。

さらに彼らは、イエス様がこの地に万民の救い主として来られたということをはっきりと悟れば悟るほど、心の中に鉄石のような固い覚悟と決意をしたのです。そして兄弟と兄弟、使徒と使徒、信徒と信徒がお互いに励まし合って、一つのみ旨を中心として、一つの心で一つの目標に向かって動くようになったのです。自分たちが追求する一つのみ旨のために、お互いが心を交わし合って一つになり、百二十人門徒はそれぞれ違いますが、父のみ旨に対して行く方向とその動く行動は、一つの姿として現れるようになったのです。

このような現象が使徒たちのうちに起こり、彼らの心は燃え上がったのですが、それから彼らはどこに向かって叫ぶようになったのでしょうか。彼らは、イエス様に反対したイスラエル民族に向かって叫び始めました。それだけではなく、イエス様を不信する数多くの人類に対して、新たな決心と覚悟をもって、新たな誓いで、自分たちが一つになっているその心をくじく者はいない、ということを示しました。

このように自分たちが、まず天の前に固く誓って覚悟した姿で現れるときはもちろんのこと、いかに迫害が激しい環境であっても確固たる中心をもって現れるとき、天は彼ら一人一人をイエス様の代わりの存在に立てて、使命を引き継がせたことを知らなければなりません。

このような心をもった人は、一人だけではありませんでした。主を失った悲しみが大きければ大きいほど、その心に徹したのであり、神様のみ旨が強く動けば動くほど、その心には天を裏切った群れに対する敵愾心が強くわき上がり、彼らを一朝一夕に粉砕して、天のみ旨をすぐにでも成し遂げてさしあげようという覚悟でした。天に対してこのように現れるようになるときに、ここには人間の力ではなく、神様の力が現れるようになったのです。

ここで人間としては、到底想像もできない神様の直接的な権能の行使が、無知な民、不

信の民、悖逆《はいぎゃく》（謀反《むほん》）の民に示されたということを私たちは知らなければなりません。（三一二七、一九五七・二・二〇）

イエス様のみ旨を引き継ぐべきだった弟子たち

復活された直後、イエス様はどのような心情だったでしょうか。三日目に復活した彼の心情は、天の前に面目ない祈祷を捧げざるを得ない悲しい心情でした。四千年間苦労された父と、多くの苦労をした預言者や烈士たちに対すると、一方ではうれしく思いながらも、一方では限りなく悲しく涙を流さなければなりませんでした。このようなイエス様の心情を知らなければなりません。

天の聖徒たちは喜びましたが、イエス様は悲しかったのであり、神様もうれしくもありましたが一面悲しい心ももたれたのです。今日この地に生きている人々の中には、このようなイエス様の心情を知る人は一人もいません。けれどもこれを知って、心の中で新たに決心をしなければなりません。

決心をするものの、何を決心するのでしょうか。イエス様がこのようになった原因と動機は、民族のせいでも天のせいでもありません。ただサタンのせいでした。イエス様はこのサタンを踏みにじり、失った使徒たちを捜すために乗り出したのです。一時は命を懸けて誓いまでした使徒たちが、イエス様の死体や墓までも悪なる人たちに守らせてしまったことを考えると、イエス様が普通の人であったならば、彼らを捜しに行かなかったでしょう。

しかしイエス様は、ただただ怨讐《おんしゅう》サタンに対する憤慨心と、怨讐サタンの懐にある弟子と民族と人類を取り返さなければならないという一途の心をもっていたので、彼らを探しに出たのです。また四千年の間、裏切った人間に対する悔しさを耐えに耐えながら摂理してこられた父を見つめたとき、哀れな人間を探さなければならないという悲壮な決心を抱いて、イエス様は彼らを捜しに出たのです。このようなイエス様の悲壮な決心を抱かなければなりません。

また残っている使徒たちに、もう一度サタン対して闘うべきであるという心の決心を鼓舞させたイエス様は、いつまでも彼らと共にいるわけにはいきませんでした。み旨を引き継いで、長い歴史路程を行かなければならない弟子たちが、言うに言えない血の路程とゴルゴタの十字架の峠を越えなければならない状況を見つめるイエス様の悲しい心情と心の苦しみは、十字架を越える時と同じものでした。またイエス様は、四十日が経過すると愛する弟子たちを怨讐の地に残したまま、行かなければならない悲しい心情を抱かれたのです。

では、地にいた聖徒たちは、果たしてどのような気持ちだったのでしょうか。来られたイエス様の悲しみと、行かざるを得なかったイエス様の悲しみが分からなければならなかったのに、彼らはただ愛する先生と別れることだけを悲しがったので、それを見つめるイエス様の心情は、言葉では言い表すことができないほど悲痛なものだったのです。

では、どのような心をもたなければならないのかというと、イエス様が逝かれたのちのことを自ら引き継いで、サタンと生死を懸けた闘いをすることがあったとしても、一寸の譲歩もしないという覚悟のもとに、鉄石のように変わらない心の所有者にならなければなりません。そうしてイエス様が亡くなりつつも、安心できず心配なさったその心情を、皆さんが直接体恤《たいじゅつ》して、代わりに解いてさしあげなければならないでしょう。

もし、その当時の使徒たちが終始一貫した心をもって、イエス様と共に十字架にかかったとすれば、神様はイエス様一人だけを復活させるということはできなかったことでしょう。そうなったとすれば、全使徒たちが復活したはずであり、今日のようなキリスト教にはならなかったはずです。

それならば、今やこのような使徒たちが残した使命を自分が引き継ぎ、サタンに憤慨したイエス様の心を皆さんの心とし、十字架を越えたイエス様の決心を皆さんの決心としなければなりません。

そうして十字架を死なずに生きて越えることによって、復活の姿で現れる第二の使徒にならなければなりません。そうして六千年間神様を困らせてきたサタンを、一朝一夕に打ち破ってしまえる使徒にならなければならないのです。そして悲壮な決心をもって、死の道を歩むようになっても、サタンと闘って勝利し、その痕跡《こんせき》を残すことができなければなりません。（四一一八三、一九五八・四・一七）

復活の栄光を表されたイエス様

復活は、四千年の歴史において初めて天の栄光に代わったものであり、四千年間のサタンとの闘いに勝利した栄光に代わったものでした。イエス様がこのような勝利的な基準を霊的にも実体的にも示したので、神様は死んだイエス様を再び起こして、新たな摂理を展開するようになったのです。イエス様が十字架にかかることによって、四千年の摂理歴史の責任を引き受け、先祖たちの責任を引き受けて天の栄光に代わってあの世に行ったのが、復活、昇天だったのです。

このようにイエス様は、内的な神様の栄光をこの地上に実体的に成し遂げるため、すなわち神様の完全な栄光を表すために来られた方です。なぜならば完全な栄光というのは、内的な栄光と外的な栄光が合わさってこそできるからです。イエス様は、正にこの使命を果たすために来られたのです。

神様の栄光が完全に表されるには、神様の内的な栄光の実体として来られたひとり子であるイエス様とユダヤ民族が遠ざからずに一つになることによって、イエス様の中にある神様の内的な栄光が地上の栄光とならなければなりませんでした。しかし神様の四千年の摂理歴史を引き受けて、神様の栄光を地上で実現させるべきイエス様がユダヤ人の不信によって十字架で亡くなることによって、天の内的な栄光は霊的な栄光になったのです。それゆえイエス様は、未完の栄光を成して昇天されたのです。

昇天したのちに霊界でイエス様は、神様が四千年間サタンに対して繰り広げた天の闘いと、人間を復帰するために繰り広げた真《まこと》の闘いと、み旨を成し遂げるための摂理の闘いと、聖霊に代わって愛の闘いをしているのです。すなわちイエス様は、霊界に行って神様が続けてこられたその戦いを引き継ぎ、神様の代わりに闘ってきていらっしゃるのです。

では四千年間摂理してこられた神様の前に、人間に代わり、万物に代わり、天の愛に代わったイエス・キリストが、真に勝利しなければならない土台とはどこでしょうか。ほかでもない、この地なのです。(一―八三、一九五六・五・二七)

本来、キリスト教の教理は、十字架ではなく復活の教理です。イエス様が復活することによって救いが成立したのであって、死ぬことによって成立しましたか。キリスト教は復活の宗教なのです。

亡くなって三日後に復活されたイエス様の復活の権能によって、私たちは救いを受けるのです。復活後の四十日期間の基盤の上に、初めて新たな第二イスラエル、すなわちユダヤ教に代わる新しいキリスト教が出発したのです。キリスト教は十字架の教理ではなく、復活の教理なのです。信じられない人は祈ってみてください。自信をもって話すのです。（一三一―一八五、一九六四・三・一五）

一体となった百二十門徒

百二十人の門徒がマルコの屋上の間に集まり、イエス様が生前「聖霊を送ってあげよう」と言われたその約束を心に信じ、一つになって祈ることがなかったら、今日キリスト教は、世界的な宗教にはなれなかったことでしょう。

そのとき身を伏して祈った百二十人の門徒には、恐れの心がありませんでした。自分の威信や体面、そして家庭もすべて忘れ、ひたすら主の約束がある時、ある場所に現れることを信じて百二十人の門徒が一つとなって祈ったとき、四千年間、天地の間で遮っていた死亡の圏を打ち破って、聖霊が地上に臨むようになったのです。

これは偶然なことではありませんでした。このことによって人間を再び出産してあげることのできる新しい道が切り開かれたのですが、この一つの事実は誰によって起きたのでしょうか。これは百二十人の門徒が終始一貫した心、終始一貫した誠意、終始一貫した供え物の精神によって、父のみ旨、神様を見つめた切実なその心によって起きたのです。このように地に対して摂理できなかった聖霊の役事が、初めて新しい歴史的な出発をし得たことを知らなければなりません。

百二十人の門徒は天地が震動し、炎のような舌が分かれる聖霊の役事を体恤《たいじゅつ》するようになるとき、天に向かう切実な心に徹し、いかなる怨讐《おんしゅう》に対したとしても死を覚悟して行こうという心をもつようになったのです。ここに天によって力がさらに加えられると、その力はいかなる者が切ろうとしても切ることができなかったのです。このような力が土台になったがゆえに、彼らが語る言葉が天地を動かし得る能力を行使したということを知らなければなりません。

それならば当時、使徒たちは、どの程度まで一つになったのでしょうか。有無相通じるぐらいに一つになりました。彼らは、自分のものと相手のものとの区分がありませんでした。彼らは神様のみ旨を中心として、「私はあなたであり、あなたは私である」という一体の心情によって、二人が一つに十人が一つに団結したのです。ですから彼らは、誰かがある困難なことにぶつかるようになったときにも、それをある個人の困難としてほうっておいたのではなく、自分の困難として考えたのです。

このように兄弟の困難を自分の骨と肉、骨髄までしみ込む困難として感じるようになったとき、天も動いたのです。ですから皆さんも、お互いが自分のすべてを忘れ、ただ父のみ旨一つだけのためにいかなる犠牲が伴ったとしても、自分のすべてを捧げようという心、兄弟の困難を自分の困難として感じられる心の所有者にならなければならないことを心に銘じてください。(三一二九、一九五七・一一・一〇)

イエス様と聖霊の愛を通した霊的重生

イエス様が来られ逝きながら、「私は成し切れずに行くので、私を信じる代わりに聖霊を信じなさい」と言われました。イエス様さえ信じれば救われると思っているのですか。とんでもないことです。聖霊を信じても救われるのです。神様の息子を信じさせるのが聖霊なので(コリントI一二・3参照)、聖霊も信じなければなりません。

聖霊とは何の神でしょうか。母の神です。聖霊は母の神であり、イエス様は人類の真《まこと》の父です。真の父は完成したアダムです。アダムが堕落して人類の先祖になれなかったので、私たちはみな、真の先祖ではなく偽りの先祖の子孫です。ここに真の先祖として来られた方がメシヤです。

真の父ということです。ところがキリスト教では、三位一体の神がどうだこうだと言っています。イエス様は真の父であり、聖霊は母なので、この霊的な父と母の愛を受けてこそ、霊的に重生されるのです。子女は父母の愛がなくて生まれることができますか。

それゆえ、黙示録には、「御霊《みたま》（聖霊）も花嫁（新婦）も共に言った、『きたりませ』。また、聞く者も『きたりませ』と言いなさい。かわいている者はここに来るがよい。いのちの水がほしい者は、価なしにそれを受けるがよい」（二二・17）とあります。そのような日は、聖霊が実体をもつ日です。そのときが再臨時代です。新婦の着飾りを終える日です。

「小羊の婚宴」（黙示録一九・9参照）とは何でしょうか。失った真の父母を迎え入れる日です。そうなると名詞的な神様、信仰的な対象として必要だった神様は過ぎ去ります。名前だけの神様を信じたり、外形的にだけ信じたりする信仰生活は必要ありません。実体の神様が必要なのです。

それでは、信仰の実体の主体は誰だったのでしょうか。イエス様でした。希望の実体の主体は誰だったのでしょうか。イエス様でした。愛の実体、愛の主体は誰だったのでしょうか。イエス様でした。（七一—一五七、一九五九・八・三〇）

聖霊の苦労に対する人間の責任

私たちは今まで、イエス・キリストを迎えるために自分だけが苦労してきたものと思っていましたが、自分の背後で自分以上に苦労された聖霊がいることを知らなければなりません。イエス様が願われることは、人間の苦労よりも聖霊の苦労が大きいので、この聖霊を立て、イエス・キリストの栄光に代わって人間を糾合しようとされるのです。そのような一日を迎えられなければ、イエス様はこの地に再び来て万民の主人公に立つことができないのです。

それゆえ私たちが悪に対して立ち上がるようになるとき、私たちが犯した罪によって聖霊が代わりに地で苦労されるようになったのであり、イエス様が十字架にかかられるようになったということを知らなければなりません。また私たちは、天地のどこに行っても天の怨恨《えんこん》から抜け出すすべのない罪人であることを知らなければなりません。

この罪を悟って今や私たちは、心と体をすべて捧げなければなりません。そうしてまずは聖霊の苦労に頼り、イエス・キリストの苦労の度数を満たすことによって、その苦労の荷を下ろしてあげなければなりません。このように私によって聖霊の苦労が終わり、イエス様の苦労が終わり、神様の苦労が終わってこそ、私たちのために罪を引き受けて苦労された天の復帰摂理のみ旨が終結するのです。そして私たち自体は、そのとき初めて一人の主人公を得るようになるのです。これを皆さんは知らなければなりません。

イエス様は、「人の子」としてこの地に来られて逝きました。イエス様は実体の体をもつ一人の人間として、この地に来られて逝きました。皆さんが霊界を通してみれば、イエス様は私たちと一問一答できる体をもっておられるので、皆さんの霊眼が開かれれば、私たちのために亡くなったイエス様を慰労して、感謝を捧げることができますが、聖霊に対してはそのようなことができないのです。なぜならば聖霊は体をもっていないからです。

イエス様は実体をもった天の主人公として、また被造世界の中心としてこの地に来られました。ところが聖霊は、いまだに体をもてずにいるので、聖霊の苦労に対して直接慰労してあげることができないのです。それならば、新郎であられる天上のイエス様の前に新婦となれる地上の実体聖霊は、いつこの地に現れるのでしょうか。

私たちが犯した罪は、イエス・キリストだけ死の峠を越えさせたのではなく、聖霊までもそのような苦労の峠を越えさせたのです。ところが私自体を通して、その苦労の怨恨を解怨するようになれば、その喜びと栄光をイエス様にはお返しできますが、聖霊にはお返しできないのです。

私たちが罪を委《ゆだ》ねれば、まずは聖霊が私たちの罪を引き受けられます。そうしたのちにイエス・キリストが引き受けられ、そのあと神様から清算を受けるのです。今日、私たちはこれをよく知らずにいます。このようなこと、このような使命を知る聖徒たちが現れるならば、聖霊の感動の役事は、その人たちを通して全人類に現れることでしょう。

今や私たちは、どのようにすべきでしょうか。私たちはイエス様と同じ立場の新郎格主人公と、聖霊と同じ立場の新婦格主人公を見つけなければなりません。そうして贖罪《しょくざい》の恩赦を受けなければなりません。そして聖霊とイエス様をつかんで、「聖霊と聖子《せいし》（イエス・キリスト）、そして神様よ！　祝福してくださいませ」と言えなければなりません。そのような皆さんとならなければ、イエス・キリストの二千年の苦労と聖霊の二千年の苦労は、この地上で完結させることができないのです。

イエス様は、どうして「世の罪」を担当されたのでしょうか。それは私たちのために、私たちをして自由を所有できるようにするためでした。そして主人を求めさせたのは、人間に本然の姿を備えさせ、サタンの支配を受けた立場からサタンを支配できる立場へと移してあげるためでした。（一―一七一、一九五六・七・一二）

聖霊を恋い慕うべき今日

今、私たちが恋い慕うべき一つのことが残されているのですが、それは何でしょうか。私たちは、地のために代わりに仕事をしている聖霊を恋い慕わなければなりません。これを知らなければなりません。今まで数多くの人々がイエス様を二千年間霊的に恋い慕ってきましたが、今は聖霊も恋い慕わなければならないのです。そうしなければならない聖徒であり、私たち人類であるということを考えなければなりません。このように聖霊を恋い慕うべき時代が来たのであり、新婦の体を完成すべき時が来たのです。

聖霊は新婦の神なので、新婦の姿を備え、新婦の形体を成して、私たちは恋い慕うことができなければなりません。このようになれば、イエス・キリストは霊界に行って休むことができるのです。そして天地に一つの中心を立てて、再び私たちがこの地を中心として探し求めていくのです。

心から霊界を恋い慕った私たちは、今や私たち自身に役事なさる聖霊を恋い慕わなければなりません。それで私たちは、霊的な象徴であるイエス様を恋い慕い、肉的な象徴である聖霊を恋い慕い、私たち一個体において霊的なイエス様を恋い慕う心と肉的な聖霊を恋い慕う体が一つになることによって、初めて天の中心と地の中心が、私の一つの心と体で合わさり得るのです。そうなることによって、イエス様も私の代わりに立つことができ、聖霊も私の代わりに立つことができ、私はその真ん中でイエス様と聖霊のみ旨に代わって万民を代表して現れ得るのです。これを知らなければなりません。

それならば、今やこの地上に来るべき主は、どのようなみ旨をもって来られるのでしょうか。イエス様と聖霊のその中心を、皆さん自体につくり上げなければなりません。生きた肉体をもっている皆さんが、霊界を象徴し、肉界を象徴したイエス様と聖霊を見習い、霊肉を合わせた一つの実体の中心体として完成しなければなりません。そうでなければ、神様の全体創造の理念が、皆さん一人において完結されないのです。このような一つの中心の使命が、イエス様と聖霊の使命なのです。この一つの中心をつくるために、イエス・キリストは再臨されるのです。

（一―六九、一九五六・五・二三）

二、イエス様復活後のキリスト教

キリスト教の使命

イエス様を中心として、その十二弟子と七十門徒が完全に一つになれば、歴史過程で失敗したその時代ごとに蕩滅《とうげん》できなかったすべての男性たちの失敗が蕩滅されるのです。

それゆえイエス様は、彼らと完全に一つになって、歴史的な失敗を収拾できる実体圏を横的につくらなければなりません。完全に金城鉄壁のような垣根をつくって、サタンが攻撃しようにも攻撃できない一人の男性としての勝利的基盤を決定づけなければならないのです。その垣根の使命を果たすべき人が、十二弟子であり、七十門徒なのです。

このような土台、すなわちこのような背景の上に強固に立ち、女性を求めて母の基準をつくらなければならないのです。そのためには、歴史路程で戦ってきたように一大決戦を通過しなければならなかったのです。そうせざるを得ない内的な事情がイエス様にはあったという事実を、その時代の十二弟子や七十門徒は知らなかったのです。

ですからイエス様は、このような環境の土台を一度ももてませんでした。そのようにできる一人の相手も見つけられず、そのような内情を通告させ得る一人の弟子も見つけられないまま三十余年の生涯を送る中で、結局、十字架に釘《くぎ》付けにされて亡くなったのです。

そのようにして十字架で亡くなったイエス様であるがゆえに、恨《ハン》があるとするならば誰よりも多い恨があるでしょう。神様は四千年間歴史をつづってきながら苦労した土台の上にイエス様を送られて、その時を迎えさせたにもかかわらず、神様が願われたすべての内容が根本的に破綻《はたん》してしまいました。またイエス様は、神様が男性の歴史としてつづってきた四千年の歴史に、一つの勝利的な基盤を立てるために来たにもかかわらず、それを立てることができずに逝《い》かなければなりませんでした。そのようなイエス様だったので、その事情はどれほど哀れなものだったのか知らなければなりません。

イエス様は自分一人が死ぬことは気にもかけませんでした。そのようなことよりも、自分一人が死ぬことによって、四千年という長い歳月の間、男性を通して役事してきた神様の摂理のすべてが水泡に帰すという事実を悲しまれたのです。自分が死ぬその悲しみよりも、神様の摂理が失敗に帰す悲しみのほうが大きいことを感じて、内情的に深く悲しまれたイエス様でした。

そのようなイエス様の心情を知らなければなりません。

しかしイエス様は、「自分は死んだとしても、歴史的なすべての土台をもう一度収拾するのだ」という信念と決意と覚悟のもとで、十字架の道を堂々と突破したので、神様の心情と一致点をつくることができ、霊的に弟子たちを再び収拾することができたのです。

これによって第二の垣根をつくり、今日、男性を中心としたキリスト教の歴史を再編成することができたという事実を知らなければなりません。このようにして霊的な基準を中心として、今まで二千年間数多くの殉教の歴史を経ながら発展させてきたのが、キリスト教の歴史なのです。（二五―二〇、一九六九・九・二二）

パウロを中心とした新たな神様の摂理

パウロは復活されたイエス様に出会い、天の使命を受けました。そうして裏切った使徒ではなく、裏切らなかった生きた使徒の立場で異邦の国であるローマに行き、迫害を受けながら福音を伝えました。

パウロが十二弟子の殉教に代わり、洗礼ヨハネの死に代わって主を探し出したので、地上においては摂理的な軌道が異邦の国に移されました。こうしてパウロは、ローマ帝国に入り、独りで追われるようになります。宗教的に歓迎されない立場に置かれるようになったのです。

しかしパウロは、イエス様が定められた摂理のみ旨一つを抱いて人類の十字架であるゴルゴタの道を行かれたように、ローマのいかなる迫害の矢にも屈せずに貫いて進みました。天のみ旨のためには、死も意に介さずに進んでいく姿がイエス様の姿を彷彿《ほうふつ》させたのです。

そうしてパウロを中心としてキリスト教は動き、一つの家庭型を経て、部族型、民族、国家、世界型と経てきました。イエス様がゴルゴタの道を行ったように、パウロは天の使命を担い、十二弟子の代わりにサタン世界に対して死のゴルゴタの道を自ら進んで乗り出したのです。そうして、ローマのネロ皇帝時代の激しい迫害と虐殺の過程を経てきたということを知らなければなりません。

また個人的なパウロの犠牲が、その時の部族、または十二弟子のような人たち、イスラエルのような群れを起こすことになりました。そうして個人から全体が一つに団結して、死の立場を越えて戦ったので、ローマの国を奪うことができたのです。そうして約四世紀を過ごす間、キリスト教は繁栄しました。中世封建社会時代においてローマ法王庁を中心として、キリスト教は全盛時代を遂げるようになったのです。そうして全世界をキリスト教徒が支配してきたのです。

これはイエス様が血を流す十字架上において、強盗が友となったように、世界的に打たれるゴルゴタの路程を経ていくその時において、裏切ったユダヤ民族の友ではない一つの群れ、一つの国家が現れるというのです。そのような群れ、そのような国家が現れなければならないということは、歴史的な摂理観に照らして見れば妥当なことなのです。（四―三五〇、一九五八・一〇・一九）

キリスト教を立てた神様のみ旨

今までの歴史過程について見ると、東洋は精神文明を中心とした道を求めてきたのであり、西洋は物質文明を中心とした道を求めてきました。しかし歴史は、このように相いれない両面の方向に発展していくばかりではありません。神様は西欧文明をアジアの東洋文明に接するようにされ、新しい宗教理念に連結できるその時を求めてこられるのです。神様がいるならば、間違いなくそのようになさるでしょう。

キリスト教思想は、万民を中心として自分たち自らを鼓舞させながら、今まで発展してきたのです。今まで悪なるサタン世界において、キリスト教の歴史がつくられてきた過程を見ると、キリスト教は烈士たちが血を流した殉教の因縁を経ながら土台を固めてきたのです。社会の前で批判や非難を受けながらも反抗もせず、死の代価を払いながら発展してきたのです。もちろんキリスト教以外の宗教もありますが、歴史の全体的な流れの中で、そのような宗教というのはキリスト教だけであるという事実を私たちは知っています。

このように追われ迫害を受け蔑視《べっし》されたキリスト教が、今日では名実共に世界的な宗教として民主世界を動かす思想的な後ろ盾になったという事実を考えてみたときに、これはキリスト教それ自体の力だけで成し遂げられたのではありません。死の峠を踏み越えることができたその力の母体は、キリスト教自体の力というよりも、背後にいらっしゃる神様の力なのです。その神様の力によって、キリスト教が世界的に発展してきたのです。それならばそのキリスト教は、今後どうなるのでしょうか。それが問題なのです。

神様がキリスト教を立てたとするならば、その目的は新しい国を探し出すためであり、新しい世界を形成するためでしょう。言い換えれば、神様は今までこの地上になかった善を代弁することができ、善の立場を擁護することができ、善の環境を守ってあげることができ、善の主権を行使できる善の祖国ができることを願ったのであり、勝利の時が成就されることを願ったのです。

このような事実を私たちは否定できません。それゆえキリスト教思想は、必ず終末の時代が来るということを予告しているのです。終末になればキリスト教の全盛時代になり、新たな世界をつくると言っています。そしてその時は、悪の勢力を中心としてキリスト教を反対した国は滅びると、端的に結論づけているのです。（三六―一六九、一九七〇・一一・二九）

怨讐《おんしゅう》までも愛する愛の宗教

この地上に、神様が最も愛することのできる人とは誰でしょうか。イエス・キリストです。そのような意味で、イエス様はメシヤになったのです。それでユダヤの国における方向を提示して現れました。イエス様の哲学とは何でしょうか。ローマとイスラエルが、圧迫国家と被圧迫国家、支配国家と被支配国家というこの二国家間には、高い怨讐の壁があるのを知ったのです。世界で最も高い壁なのです。ローマとイスラエルの間の壁が、その時代において占領国家間の壁としては、最も高い壁だったのです。

イエス様はどのようにしたかというと、「お前は力で私を征服するが、私は反対にお前を愛で征服する」という表題を掲げて現れたのです。十字架で亡くなるときローマ兵に対して、「父よ、彼らをおゆるしください。彼らは何をしているのか、わからずにいるのです」(ルカ二三・34)と祈られました。これは驚くべき歴史的事実です。そのことによって、この世の人が嫌う、怨讐視するそのような国境を越えることのできる、一つの本郷の根拠地を追求していた事実を私たちは知らなければなりません。

怨讐は個人的怨讐があると同時に、家庭的怨讐があります。イエス様はどのように考えたのでしょうか。個人的怨讐《おんしゅう》があるのです。世界の人をみな、そのように見るでしょう。個人的怨讐があり、家庭的怨讐があり、氏族的怨讐があり、民族的怨讐があり、国家的怨讐があり、世界的怨讐があり、数多くの怨讐が四方に絡まっているのです。それはどういうことかというと、私に従い私の主張に従っていく人の中には、個人的怨讐の前に犠牲になる人もいるだろうということです。

家庭的怨讐の前に犠牲になり、氏族的怨讐の前に犠牲になり、民族的怨讐の前に犠牲になり……。このような戦いで犠牲になることがあるが、「怨讐（敵）を愛せよ」というタイトルによって、いつかは勝利できるその日が来るだろうし、その結果の日を待ち焦がれざるを得ないのです。もしこの世の国、サタンの方向と同じく、神様が復讐して恨みを晴らすとしたら、この世はすべてなくなってしまうのです。

キリスト教を中心とした神様の祖国光復は、どこから始まるのでしょうか。このような思想をもった個人から出発するのは、当然のことです。愛で抱き、国境を取り崩し、すべての環境と文化を越えて消化していきながら、怨讐までも愛し得る運動を提示してきた宗教が、キリスト教だったのです。それゆえキリスト教は、神様がいる限り世界的な宗教にならざるを得ないのです。

大豆を植えれば大豆が生え、小豆を植えれば小豆が生え、赤い花の種を植えれば赤い花が咲くように、悪なる怨讐、恨みを晴らす種を蒔《ま》いて、悪魔サタンの種が繁殖したのですが、怨讐を愛する種を蒔けば、それが怨讐を愛する木として繁殖するのです。それが自然の道理です。

今日のキリスト教について言えば、キリスト教の数多くの教派はなぜ生じたのでしょうか。キリスト教の中に教派ができたという事実は、「怨讐を愛せよ」というキリスト教の教理とは異なるのです。キリスト教の教理は「怨讐を愛せよ」です。自分の教会内では愛しているかもしれませんが、キリスト教徒同士が戦っているのです。「あなたの兄弟姉妹を愛せよ」と言いました。キリスト教の兄弟とは、キリスト教です。長老派教会、メソジスト教会、ホーリネス教会、すべて兄弟です。

真なる伝統的主流思想に立っているキリスト教はどこなのでしょうか。怨讐を愛する教団になり、怨讐の国を取り戻すために怨讐を助けてあげ、再度生かしてあげようとするそのような教団が真なる教会なのです。そのような教団が、未来に神様の真なる個人と家庭から氏族、民族、国家、世界の版図を受け継ぐことのできる教団だということは、この上なく妥当な結論です。キリスト教が一つにならない限り、世界は一つになれません。数多くの国が一つになるということは、夢にも考えられないのです。（一〇七―一七、一九八〇・二・二二）

キリスト教の受難の歴史

万物を犠牲にしたのは、子女を生かすためでした。子女が生きれば母も生きるので、万物を犠牲にしてきたのです。そこにメシヤが来たのですが、国家を中心として家庭の基盤を築けませんでした。それで子女が、その供え物になったのです。イエス様が供え物として逝《い》ってしまったのです。家庭がなかったのです。家庭がサタンの力によって二つに分かれてしまったのです。そのような嘆きの歴史が、キリスト教の受難の歴史、迫害の歴史なのです。

ローマの兵士によって、家庭が共に氏族が共に滅亡したのです。ローマのカタコンベという所に行ったことがありますか。七代以上の先祖たちの死体がすべて腐って水になり、それが流れるような所を歩きながら、四百年を耐え抜いた偉大な基地として有名です。その後、誰もキリスト教自体を反対しませんでした。考えてみてください。ローマの広場でライオンの餌食《えじき》になったりもしました。そのような悲惨な歴史を忘れてはいけません。それは、すべてエバのせいなのです。（二九五―二三八、一九九八・八・二八）

イエス様が四千年の歴史と万民に代わって、神様が喜んで受け取ることのできる生きた供え物、汚れのないものとして捧げられたように、皆さんもイエス様に汚れのない供え物として捧げられなければならないでしょう。

そして皆さんの生活と生涯において、人倫と天倫の道理を果たさなければならず、み旨を成し遂げるためにこの地に来たキリストの代わりに、天の痛みを代わりに感じることができ、イエス様が感じた天的な愛の心情を体恤《たいじゅつ》しながら、準備された教団から排斥され哀れで貧しい人を訪ねていかなければならなかった、イエス様の事情を分かってあげる新婦にならなければなりません。皆さんがそのような人になるならば、神様の怨恨《えんこん》を解き得ると同時に、人間を救うために来られたイエス・キリストの怨恨を初めて解き得るのです。

愛のイエス様は、この地に悖逆と裏切りの民を訪ねてこられ、自分の理想を話し合わなければなりませんでした。それゆえ裏切った先祖たちをもつ私たちは、天を裏切ってきた路程をさかのぼって、「お父様のみ旨はこういうものではないでしょうか。この身をお受けくださいませ！」と言えなければなりません。

神様は、このように歴史を代表して乗り出し得る汚れのない供え物、どこの誰も触ることもなく見ることもなかった汚れのない供え物として、捧げられる人を探していらっしゃることを知らなければなりません。

皆さんが精神を尽くすにしても、現在、皆さんの精神はサタン世界に容認された精神であり、心を尽くすにしても、サタンとささやいた心であり、思いもまた同じです（「心をつくし、精神をつくし、思いをつくして、主なるあなたの神を愛せよ」マタイ二二・37、参照）。したがって「終わりの日」に処した皆さんは、必ずサタン的な精神と心を変化させなければなりません。人生観と宇宙観も変えなければなりません。それは今まで考えていた信仰観をもっては、サタンに勝つことができず、サタンの讒訴《ざんそ》条件に引っ掛かっている舞台を通過できないからです。

イエス様が汚れのない供え物として十字架に亡くなったことは、最初で最後であり、これはイエス様が御自身の精神と心と思いを、この地の人々に紹介してくださったことなのです。イエス様は歴史を代表し、万物に代わり、神様が貫く御覧になることができ、神様が真実であると言うことができ、神様が喜び愛することのできる方でした。

サタンの讒訴を受けられない、サタンの所有にならない精神を、イエス様から感じる時があるでしょう。そのような精神を感じたとするなら、イエス様の天的な人格を推し量ることができるでしょう。またそのような心を感じたとするなら、イエス様の内的事情を感じることでしょう。イエス様の人格と内的事情を推し量る人がいるならば、神様はその人に働くことができるのです。

このように探し求めなければならない驚くべき歴史的な宇宙の焦点、越えなければならない宇宙的な関門があるということを人々は知らずにいます。したがって、汚れのないものとして捧げられることを望むイエス様の願いが残っているのですが、今や私たちキリスト教徒はその願いをどのようにして見つけ、成し遂げられるかということが問題になります。

今日、皆さんがこの願いを見つけようとするなら、皆さんの過去の足りなさを悟らなければならず、その足りなさを神様に心から悔い改めなければなりません。悔い改めるとしても、涙を流さなければならないだろうし、三十年余りの生涯に流したイエス様の涙に代わることができる心がなければなりません。

またイエス様が三十年余りの生涯に、寝ても覚めても、食べる物がなくても一途な心でその一つの志を立てるために、あらん限りの力を尽くしたその精神を見習わなければならず、死の道を行かなければならなかったイエス様の悲惨な心情を感じなければならないのです。

イエス様は地上の不信する人間のために、悔い改めの涙を流される生活をされ、それで終わるのではなくあの国に行っても涙を流していらっしゃるという事実を知らなければなりません。このようなイエス様の内的心情に通じることができ、内的な天性の理念が分かり、内的なイエス様の生活的な姿を知り、涙を流して天地を満たしても足りないその足りなさを感じなければなりません。それだけではなく、涙ぐみ骨肉が溶けるような耐え難い心情を受け継いで、精神を通じ、心と思いを通じたイエス様のすべての愛と人格を私を通じて表現できるようになるとき、そこから天的な因縁を中心としてイエス様と一つになることができるのです。

そのような心情を感じる皆さんであるならば、死の淵《ふち》から自分を救ってくださったイエス様に感謝の気持ちを感じることでしょう。そしてその感謝の気持ちを皆さんの心と体に満たし、全天地を満たしても足りない、その足りなさを感じるようになるのです。

それではイエス様は、どれほどの悲しみを感じたのでしょうか。イエス様は神様がアダムとエバを失うときに感じられた、天地の崩れるようなその悲しみを解いてさしあげるために、人間を取り戻そうとなさる神様のみ旨に代わって来られたのです。しかし自分を送られたそのみ旨を成し遂げてあげられなくなったとき、神様がアダムとエバを失った時に感じられたその悲しみを感じられたのです。

今日、歴史的な怨恨《えんこん》を解くべき私たちは、神様を失っても悲しむことを知らない人間となり、新郎であるイエス様を失っても悲しむことを知らない人間になってしまいました。また自分には、神様の悲しみを慰めてあげるべき責任があるということも知らない人間になりました。皆さんも、そのような立場にとどまっているならば、神様の摂理の前に立ち上がっていくら父を呼んだとしても、神様は現れないのです。

ですからイエス様が語ってくださったみ言《ことば》は、無駄ではないということを知らなければなりません。イエス様が真心から神様に向かって、「わが父よ」と言われたように、心を尽くし思いを尽くし精神を尽くす人がいるとするならば、天地が感動するでしょう。（二―六九、一九五七・二・二四）

西に広がったキリスト教

神様の摂理歴史を聖書の歴史を通して伝播《でんぱ》してきたものが中心的な教理であるならば、その教理においてこれを未来のものとして残さなければならない一つの最後の言葉が残っていなければならないのです。

イエス様が来て、国家的な基準で一度も勝利できなかったので、国家的基準で勝利できる愛的防衛をしなければならないのです。ユダヤ教を四千年間準備してイエス様を送るとき、ローマ帝国の迫害を受けていた歴史時代に、イエス様を中心としてユダヤ教が協助していたならば……。中東地方は、本来イスラエル民族の十二部族に割り当てられた祝福された地でしょう？

その時に、イエス様をユダヤ教が支持していたならば、中東は一つになっていたのです。

中東が完全に一つになっていれば、中東以外のインドや中国――インドと中国は宗教文化圏です――がそこに吸収されていたでしょう。イエス様が神様の愛の道理をもって来たでしょう？　今日、統一教会が現れ、繰り広げていくそれ以上の版図をもって、インドの仏教文化圏を吸収し、中国の儒教文化圏を吸収したでしょう。吸収して余りあるというのです。そうなっていたら、ローマは自動的に屈服したのです。そうしてローマに、西の方に行くのではなく大陸に、東の方に進出して……。地球星《ぼし》の中心は大陸ではないですか。大陸を理想的舞台にしようとしたのです。（一三八一―二六一、一九八六・一・二四）

ローマに入ったキリスト教

本来の神様の計画によれば、キリスト教は東洋に来なければなりませんでした。そのようなキリスト教は、アラブ圏やイスラエル民族がみな反対することによって道がふさがってしまい、またローマ帝国の直接の指揮下にあったので、ローマ帝国に対して勝利しなければならなくなりました。また戦っていかなければならなかったのです。世界のカインと戦って勝たなければならなかったのです。

それですべて冷遇を受けながら、信義の人、心情の人、理想の人になって、下部階級からカタコンベ（ローマの初期キリスト教徒の共同墓地）に入って、一番下から上がってくるのです。上がってきてローマ帝国を消化したのです。そこで初めて、ローマ帝国がキリスト教を歓迎することにより、全世界はローマの指揮下に入ってしまいました。

そのようなことは、イエス様が死なずに果たすべきことだったのですが、死んで果たしたのです。イエス様が死なずに果たしていたら、天下が統一されていたはずなのに、イエス様が死んで果たしたので、霊的キリスト教文化圏世界としてローマに入り、霊的に世界制覇時代に入ったのです。これが中世時代、法王を中心として全世界をローマが統治した時代なのです。カイン王とアベル王が交替していれば、世界がすべて天の側になるはずだったのです。（一〇六―一八六、一九七九・一二・三〇）

イエス様は殺されました。イスラエル民族から追放されました。寄る辺がありませんでした。それでイエス様が死んだのです。そうなったので、やむを得ずどこへ行くのでしょうか。神様のみ旨が、本来祝福を受けるべき所で失敗した場合には、怨讐《おんしゅう》の世界に移されるのです。それが公式です。サタンがもっていったということです。ですからサタン世界に入らなければならないのです。そうではありませんか。失敗したらサタンに渡るのです。ですからこれを取り戻すためには、怨讐の国に入っていかなければならないのです。そうして戦って勝利して、怨讐がもっていったものを取り返さなければなりません。そのような勝利者になれば、世界を支配するということなのです。

言ってみれば、その時に、イエス様を中心として失ったものを取り返すことができたなら、世界へ行くのです。国家的基準でアジアや中東を動かせるように、世界的基準を手に入れることができるのです。それゆえキリスト教は、本来アジア諸国と共に統一的世界観を形成しなければならなかったにもかかわらず、イエス様が死ぬことによって、本来祝福したすべてのものをサタンに渡してしまったので、やむを得ずローマの懐に入っていかざるを得なかったのです。それがキリスト教の悲惨な運命なのです。

ところがキリスト教というのは、霊的基盤を中心としたものです。イエス様の体が侵犯を受けたので、霊的基準で復活したその復活基準を中心としてキリスト教は出発し、ローマ帝国に行って四百年間戦ったのです。そうして霊的にキリスト教文明をつくり上げたのです。

それでは、キリスト教がすべきこととは何でしょうか。個人的な蕩滅《とうげん》と家庭的な蕩滅と氏族的な蕩滅と民族的な蕩滅を、霊的にでも再びしなければなりません。このような問題が起きるのです。

ですからキリスト教全体がローマに入って、個人的に犠牲になり、家庭的に犠牲になり、氏族的に、民族的に犠牲になるそのような供え物の過程を通過しました。イスラエル民族は個人的にヤコブが勝利し、あるいは氏族的にモーセが勝利しましたが、キリスト教徒は、そのような実力以上の実力をもって怨讐《おんしゅう》に屈せず、自己の生命を捧げ最後まで主体的思想を引っ張っていったのです。そのようにしてローマ帝国をひっくり返したのです。

四千年の歴史を四百年で蕩滅したのです。あらゆる犠牲に遭いながら、打たれれば打たれるほど福を奪ってきたのです。四千年の福を引き継いだのです。このようにして、天の側において福を受けられる蕩減条件が立てられたその時から、初めてローマを屈服させ一つのキリスト教中心国家を形成したのです。

その時のキリスト教徒は知りませんでしたが、イエス様が死なずに成し遂げるべきだった福をサタンがもっていったのです。ローマが奪っていった立場にあったのです。それゆえ、それを取り返すためには、それだけの代価を払わなければならなかったのです。そうせずしては、天の側に取り返してこれないことは当然なことです。

キリスト教の思想は、どこにあるのでしょうか。ローマ帝国から戦ってきたその思想、すべての使徒たちが立てたその思想を受け継いで世界的な伝統に移し、一元化されたキリスト教文化圏を形成しなければならないのです。そうすることによって、それからはローマ民族、イタリア民族が、初めて神様のみ旨の前で世界を支配し得る中心民族になるのです。神様はイスラエル民族に世界を任せて失敗したので、イタリア民族を中心として世界を制覇しようとされたのです。（八〇―一三五、一九七五・一〇・二二）

国を見つけられなかったキリスト教徒たち

イエス様は三年の公生涯路程において、ユダヤ教を中心として失ったすべてを蕩減復帰しようとしたのですが、十字架にかかって亡くなったので、この地上に霊肉を中心とした一つの実体たる神様の土台の国として立てられたイスラエルが、すべて崩れていきました。すなわち四千年間摂理して、準備してきたイスラエルの土台が崩れていったのです。

結局、イエス様が亡くなることによって、キリスト教は霊的な国の土台だけをもつようになり、イスラエル民族は国のない民となって流離彷徨《ほうこう》する身の上となり、サタン世界の物笑いの種になってしまったのです。ですから今日、霊肉共のキリスト教の国はどこにもないのです。したがって再び来られる主は、四千年間準備してイスラエルの国をつくられた神様の摂理をイスラエル民族が知らずに不信することによって、失ってしまったものを復帰しなければなりません。

イエス様は、この地上に国を探し出すために来られました。一つの国を探しに来られたのです。しかしイエス様は、その国を霊肉合わせて探し出すことができず、ただ霊的にのみ探し出しました。それゆえ、今日キリスト教は、この地上に実体の国がないのです。これは神様がこの地上において、いかなる国、いかなる民族を中心としても、「愛する私の国、愛する私の民族」と呼べないことを意味します。

いまだに神様の国の土台が、この地に立てられていないということを意味するのです。もしその当時、イスラエルの国がイエス様を中心として一つになっていたならば、息子であるイエス様を中心としたその国が神様の国なので、神様はその国を中心として世界を復帰されたはずです。しかし、この地を中心として霊肉合わせて連結させようとした土台が、イエス様が死ぬことによって、つまり実体を失うことによって霊的にのみ復帰されたのです。

したがって、今までキリスト教徒たちは、国がなく主権のない民のような立場なので、どこに行っても殺されたのです。殉教の血を流すことによって発展したのです。それはなぜでしょうか。そのように植えたキリスト教であるがゆえに、そのように殉教の血を流さなくては発展できないのです。今や血を流しながら迫害された時期は終わったのですが、それはそのまま死んでなくなるのではなく、キリスト教の霊的基盤を中心として失った実体の国を世界的に探し求めて築くために、その国を敬い慕い、主を待ち焦がれながら生まれたのが、正に再臨思想なのです。

したがって主は、この地に来られれば何をすべきでしょうか。一つの国を中心として世界的な蕩滅《とうげん》を成し遂げなければなりません。そのためには、主を中心として一家庭をつくり、神様がその家庭を愛することができなければなりません。さらにはその家庭を中心として一つの氏族をつくって、神様がその氏族を「私の氏族」、その氏族を中心としてつくった民族を「私の民族」、その民族を中心としてつくったその国もまた「私の国である」と、サタン世界に打ち出せる国につくり上げなければなりません。それが正に、神様の摂理歴史であることをはっきき

りと知らなければなりません。（二二一―三〇〇、一九六九・五・四）

悲惨な犠牲の代価を払うキリスト教

神様は今まで、堕落した人間に対して救いの摂理をしてこられました。言い換えれば、神様は言うに言えない怨讐《おんしゅう》の子女たる私たち人間をして、神様が願われる歴史的なある完成基準、すなわち救いの摂理の目的基準を超えることのできるその一箇所に到達させるために、今まで摂理の方向を推し進めていらっしゃるのです。

そのような過程で、アダムの家庭、ノアの家庭、アブラハムの家庭、モーセの家庭、ザカリヤの家庭、イエス様の家庭などが現れ、第二イスラエル圏をつくるためにキリスト教を中心とした摂理歴史が現れたのです。ところが第一イスラエル圏から残された摂理歴史を再蕩減《とうげん》しようとすれば、その摂理史に現れた内容よりもよくなければなりません。

それゆえ第一イスラエル圏が成就できずに失敗したその基準を、霊的にだけでも勝利の基準としてつくるために、キリスト教は歴史を通して多くの犠牲の代価を払ってきたのです。ここには個人が動員され、家庭が動員され、氏族が動員され、民族が動員され、国家と世界が動員されたのです。

ローマ帝国はその当時、全世界を指導できるいかなる国よりも強い勢力をもった国家でした。そのようなローマ帝国に支配を受けたイスラエル、植民地のようなイスラエル圏においてキリスト教が出発し、ローマに対して戦っていくのですが、ローマは個人的に見ても世界的であり、家庭的な面においても世界的であり、民族的な面、国家的な面、すべての面から見ても世界的な権威を備えたただ一つの国家でした。

そのようなローマに対して、国もなく、一族もなく、氏族もなく、家庭もない状態で、キリスト教が分立した個々人の生命を導き、個々人が一身を投ずる犠牲の代価を払い、四百年間闘争してローマを負かしたのです。その期間にキリスト教徒が払った蕩滅的な犠牲というのは、歴史上に類を見ない悲惨な事実として残っていることを私たちは知っています。そのような歴史過程を経て国家的な土台を築いたキリスト教は、その基盤の上で初めて希望の光を見いだすようになり、世界的な発展の土台を整えてきたのです。

キリスト教はローマ帝国に一つの基盤を築きましたが、ローマの一国家と国民だけを中心としては、摂理の全体を成し遂げられないので、それを基盤として世界へ伸びていきながら、個人的に迫害を受け、家庭的に迫害を受け、国家的に迫害を受けました。これはキリスト教がつづってきた悲惨な運命であると同時に、悲惨な歴史であることを私たちはよく知っています。

（四六―三〇六、一九七一・八・一七）

イエス様の志操を受け継ぐべき我々

私たちがイエス様の三十年余りの生涯の人格を探ってみると、イエス様は当時に限定された一個人の人格者ではありませんでした。彼の人格は、自分の一身の人格というだけではなく、四千年の歴史に代わる天的な価値の人格であったのです。このことを皆さんは悟らなければなりません。

イエス様が主張された理念は、どのようなものだったのでしょうか。数多くの預言者や烈士たちが、歴史的に願ってきた理念であると同時に、摂理の目的を成し遂げるための創造主《しゅ》の理念だったのです。そのような使命を完遂するために、血の涙の出る道を歩んだイエス様の生涯でした。

したがって、不変の心でイエス様の理念と生涯を通して、彼の志操と人格を見習わなければなりません。そしてイエス様が四千年の歴史に代わって、天倫の志操を立てるために無限の闘争も意に介さず戦ってこられたように、皆さんもそのイエス様が残した使命を受け継ぎ、二千年を加えた六千年の歴史に代わって不変なる志操の心を備えた人格者として、天の前に現れなければならないのです。

もし、そのような皆さんになることができないならば、天倫に代わる理念、イエス・キリストが願われた理念、今日私たちが探し求めている理念とは、永遠に関係を結ぶことができないのです。これを肝に銘じなければなりません。

ではイエス様は、どのように生きたのでしょうか。イエス様はひたすら神様のみ旨を自分の生涯の目的として、「そのみ旨が成就するまで、全体に責任を負います」と天倫の前に誓ってからは、自分の安楽を考えず志操を守る生活をされました。

それならば神様は、どうしてイエス様を万民の救い主に立てることができたのでしょうか。四千年の歴史の過程を経てきながら、イエス様お一人だけが、神様のみ旨のために全体の生涯を捧げ、創世以後初めて神様のみ旨のために忠節と志操を守ったからです。そうしてイエス様は、永遠のメシヤとして立てられ、モーセを中心に受け継がれてきた摂理歴史が、イエス様の理念を通して新たな段階に入ったのです。

最後の審判を控え、無限の恐怖のゴルゴタの峠を越えなければならない「終わりの日」に処した今日の皆さんにおいて、皆さんの訴えを何によって終わらせることができるでしょうか。これまでこの地にあった理念ではできないでしょう。それゆえ私たちには、ふさがれている私たちの行く道を切り開いてくれる一つの中心存在が必要なのです。歴史的に見れば、神様も当時の理念としては不可能だということを御存じであったので、神様の摂理を指向する数多くの宗教を通して、摂理の中心人物を送ろうと約束してこられたのです。それがすなわち再臨思想なのです。

今や私たちは、神様に対して、あるいは被造万物に対して、相対的な価値基準に立っていてはいけません。絶対的な神様の人格と絶対的な神様の不変の理念と天的な生活の理念に代わる中心をもった者として、神様のみ旨のとおりに初めと終わりが永遠に関係を結び得る立場に立って、万物万象の前に自分の価値を表すことのできる私たちとならなければなりません。

そしてそのような人間になることができるように、導いてくれる真理を探し求めなければなりません。そのような真理を探し出すために乗り出した皆さんであるならば、何よりもイエス様の願い、イエス様が願われた理念、イエス様の生活の標準を受け継ぎ、そこに新しい理念を加えられなければなりません。さらにまた、活動舞台を自ら探し求めていかなければなりません。

そうして理念的な基準と実践的な基準を備えて、すべての面で統率できる絶対的な位置を自分たちが見つけ、「終わりの日」に天が探そうと願われる人格者、天上の全体目的に代わり得る真《まこと》の人にならなければなりません。そうでなければ、自ら悔い改める心情をもつ人にならなければなりません。

今日私たちは、個人であっても個人として終わってはいけません。私たちが信じているキリスト教も、民族と国家のための宗教にのみとどまってはならず、世界と人類のための宗教にならなければなりません。また人類歴史に代わることができ、人類の歴史的な願いに責任を負えると同時に、人倫と天倫の理念に代われなければなりません。

そのような歴史と歴史的な願いと人倫と天倫の理念が、皆さんが生活する環境と因縁が結ばれていることをはっきりと感じなければならず、不変の人格者として願いの実体として、二千年前に来られたイエス様の前に恥じることなく現れて、「主よ、あなたの願いはこれではないでしょうか。私がかなえてあげましょう」と言えなければなりません。

そして私たちは、天倫の原則にのっとり、変わることのない志操をもって、天のみ旨のために責任を全うしたのちに、「天よ、お受けくださいませ」と祈られたイエス様を回顧してみなければなりません。（二―三四〇、一九五七・八・四）

イエス様の生涯と愛

2009年7月10日　初版発行
2022年7月25日　第9刷発行

著　　者　文《ムン》鮮《ソン》明《ミョン》

共同編集　株式会社 光言社
　　　　　韓国－株式会社　天苑社

発　　行　株式会社 光言社
　　　　　東京都渋谷区宇田川町 37-18
　　　　　TEL 03-3467-3105
　　　　　https://www.kogensha.jp

ISBN978-4-87656-338-8

乱丁・落丁本はお取り替えいたします。
定価はブックカバーに表示しています。